¿A QUIÉN VAMOS A DEJAR MORIR?

Sanidad pública, crisis y
la importancia de lo político

JAVIER PADILLA

¿A QUIÉN VAMOS A DEJAR MORIR?

Sanidad pública, crisis y
la importancia de lo político

JAVIER PADILLA

Prólogo de
Marta Sibina Camps

© Del libro:
Javier Padilla

© Del prólogo:
Marta Sibina Camps

© De esta edición:
Capitán Swing Libros, S.L.
c/ Rafael Finat 58, 2º 4 - 28044 Madrid
Tlf: (+34) 630 022 531
contacto@capitanswing.com
www.capitanswing.com

© Diseño gráfico:
Filo Estudio - www.filoestudio.com

Corrección ortotipográfica:
Victoria Parra Ortiz

ISBN: 978-84-120644-2-1
Depósito Legal: M-30226-2019
Código BIC: FV

Impreso en España / *Printed in Spain*
Artes gráficas Cofás, Móstoles (Madrid)

Queda prohibida, sin autorización escrita de los titulares del *copyright*, bajo las sanciones establecidas en las leyes, la reproducción total o parcial de esta obra por cualquier medio o procedimiento.

ÍNDICE

Prólogo, por Marta Sibina Camps 11

Introducción 17

Parte I. Planteamiento
¿Qué les pasa a los sistemas públicos de salud?

01. Público 25

02. Antecedentes 39

03. Crisis 47

04. Ideología y control 57

Parte II. Nudo
¿Cuáles son los enemigos internos y externos
de los sistemas públicos de salud?

05. Dilema e interseccionalidad 73

06. Combustible 83

07. Inequidad 93

08. Lucro 107

Parte III. Desenlace
¿Qué sistemas de salud para qué sociedad (y viceversa)?

09. Política 123

10. Sociedad 135

11. Sistema 145

12. Cambio 157

PRÓLOGO

por Marta Sibina Camps

La ronda de Dalt es una de las arterias con más tráfico de Barcelona. Según el Departamento de Estadística de la ciudad, cada día circulan 162.000 coches por esta arteria. La mayor parte de estos coches, con sus pasajeros dentro, pasan irremediablemente por delante del hospital público universitario Vall d'Hebron. Seguramente, los datos estadísticos del ayuntamiento no recojan el dato, pero me pregunto cuántos de los ocupantes de esos 162.000 coches son conscientes del milagro que suponen esos edificios hospitalarios. Por lo que a mí respecta, cada vez que paso por delante del Hospital Universitario Vall d'Hebron siento cómo sus edificios llenos de consultas, laboratorios, quirófanos y habitaciones me observan. Me observan cuando voy y vengo del trabajo, cuando salgo o vuelvo de vacaciones con mi familia, cuando voy a encontrarme con una amiga que está feliz, cuando voy a encontrarme con alguien que está preocupado, cuando voy ocupada y preocupada o cuando vuelvo contenta de una fiesta. Esos edificios me observan. Y de manera invariable, cada vez que siento su mirada sobre mí no puedo evitar devolvérsela con una mezcla de sensaciones. Miro los enormes edificios de este hospital público sintiendo orgullo, porque lo siento mío y me siento partícipe de su existencia. Los miro con esperanza porque esos edificios me ayudan a mantener viva la sensación de formar parte de una sociedad que ha decidido que vale la pena que nos cuidemos los unos a los otros. Y por qué no decirlo: los miro con preocupación ante tanto ruido y egoísmo patrocinado por aquellos que ven, en esos mismos edificios, un obstáculo en su camino a ninguna parte. Por todo eso, siempre me despido de los edificios del hospital público universitario Vall d'Hebron con una mirada que intenta decirles: tranquilos, somos muchos los que haremos todo lo que podamos para que sigáis allí, observándonos, cuidándonos y dándonos esperanza. El libro que estáis a punto de leer es un arma para que todo el orgullo y la esperanza que sentimos unas cuantas conductoras que pasamos por la ronda de Dalt delante de nuestro hospital público sean cada vez más grandes, más poderosos y, sobre todo, más conscientes.

A lo largo de mis veinticinco años como enfermera he pasado por quirófanos, centros de atención primaria, laboratorios y servicios de urgencias. Esto me ha permitido ver en primera línea el impacto del sistema sanitario en la vida de miles de personas. Como usuaria también he visto cómo el sistema cuidaba de mí, de mi familia, amigos y vecinos. Un sistema que, como conjunto de técnicas, edificios, máquinas, profesionales y medicamentos, trabaja para prevenir y curarnos. Pero más allá de los millones de interacciones que se dan cada día entre el sistema y sus usuarios, siempre he intuido que en ese proceso había algo más que consultas, operaciones, pruebas y diagnóstico y siempre he intuido que el movimiento de esa enorme maquinaria que es el sistema público de salud estaba sustentado en algo más profundo, algo que muchas veces nuestras dolencias, nuestro interés particular y nuestro día a día no nos dejan ver. Así la máquina funciona (o no) y la vida va pasando sin que sepamos muy bien por qué esos hospitales, esos médicos, esos medicamentos, ambulancias, servicios de prevención, estructuras de formación profesional, esos estudios y esos sistemas de gestión se mantienen en movimiento.

Por suerte, como profesional y usuaria, he tenido la oportunidad de tener contacto con personas que se han parado a mirar el sistema con mirada amplia. La mirada amplia de los que se encerraban y ocupaban el centro de atención primaria de mi pueblo, la mirada amplia de sindicalistas que defendían sus derechos defendiendo los míos, la mirada amplia de profesionales sanitarios, de periodistas comprometidos y de académicos. Unas miradas amplias que me han permitido ver el verdadero motor del milagro laico que supone la sanidad pública: la convicción personal, ideológica, política, democrática y ciudadana de que para vivir bien, para vivir felices y para vivir sanos no hay otra opción que entendernos como comunidad.

Creo que la oportunidad de estar en contacto con esa capacidad de ver más allá de la cotidianidad con la que nos convertimos en usuarios del sistema sanitario fue lo que me llevó primero al activismo en defensa de la sanidad pública y luego, como diputada, a la Comisión de Sanidad del Congreso de los Diputados durante la undécima y la duodécima legislatura. He de admitir mi ingenuidad a la hora de pensar que en aquel lugar encontraría la cúspide de esas miradas amplias, el lugar donde se mira en profundidad y se entiende la grandeza del fenómeno. Sabía, obviamente, que allí también es donde se confrontan visiones del mundo contrapuestas y donde se materializan discursivamente los diversos modelos de sociedad. Pero, aun así, y teniendo en cuenta que es allí donde se toman decisiones sistémicas, esperaba encontrar un mínimo de consciencia sobre aquello sobre lo que se hablaba, debatía y decidía. Pero nada de eso. Lo que encontré fue un erial de pensamiento donde ni siquiera los que ven en aquellos edificios de la ronda de Dalt un obstáculo para sus intereses eran conscientes de lo que está en juego. Un erial que se extiende, incluso, hasta aquellos que intuyen la bondad del sistema, pero que, al no entenderlo de manera amplia, caen fácilmente en las trampas que tienden los poderosos que, por serlo, ni tan solo necesitan tener un acta de diputado.

Y fue en medio de ese erial donde conocí a Javier Padilla, el autor del libro que tenéis en las manos. Y, a través de él, a todo un grupo de gente, organizaciones y escuelas que hacen lo que hay que hacer: pensar, buscar y advertir del valor profundo de lo que está en juego. Y esa es la profundidad del libro: ayudarnos a descubrirnos más allá de nuestro interés como profesionales o como usuarios y desvelarnos la dimensión política y democrática que se esconde entre las paredes de los edificios (físicos, ideológicos y discursivos) donde se desarrolla nuestro sistema sanitario público; ayudarnos a percibir la dimensión civilizatoria que vive en cada acto médico y detrás de cada decisión de gestión. Que todo esto siga en movimiento hacia lugares de más soberanía, más felicidad y más salud depende, sin duda, de que existan libros como este y miradas como la de su autor. Miradas que explican y refuerzan el orgullo y la esperanza que siento cuando paso por la ronda de Dalt y veo los edificios del Hospital Universitario Vall d'Hebron.

Y no puedo finalizar este prólogo sin decir que fue gracias a Javier Padilla como sobreviví en esa jungla llamada Congreso de los Diputados y que fueron sus palabras de ánimo y su ayuda constante, a cualquier hora, en todo lo relacionado con la actividad parlamentaria, lo que me ayudó a entender lo importante de la lucha por la sanidad pública en todos los ámbitos y, obviamente, dentro de las instituciones, aunque fuera una lucha contra viento y marea.

No se puede comprender en su totalidad lo que significa la sanidad pública y su funcionamiento sin leer las reflexiones y análisis de Javier Padilla. Es uno de los imprescindibles en esta lucha por el bien común. Por la vida en comunidad. Por un mundo mejor.

¿A QUIÉN VAMOS A DEJAR MORIR?

Sanidad pública, crisis y
la importancia de lo político

*A Sara, que debería figurar como coautora
por los pensamientos, propuestas
y cuidados compartidos.*

*A Alejandra y a todas las que
están debajo de ella.*

INTRODUCCIÓN

La salud como bien social.
Su cuidado como respuesta colectiva

«Hace falta una comunidad entera para cuidar una persona», ese lema del XVIII Encuentro del Programa de Actividades Comunitarias en Atención Primaria (PACAP) bien podría estar inscrito en la entrada de los centros sanitarios del Sistema Nacional de Salud, y refleja que, si se considera la salud como un bien social, su cuidado ha de ser una respuesta colectiva.

Ahí es donde comienzan a surgir las tensiones. ¿Es la salud un bien social? ¿Hay que conjugarla en plural o en singular? En definitiva, ¿qué es la salud?

Si le preguntamos a un profesional sanitario (especialmente, si se trata de un médico) qué es la salud, es muy probable que nos recite la definición que dio la Organización Mundial de la Salud (OMS) en 1946, que dice que se trata del «estado de completo bienestar físico, psicológico y social». Aunque esta definición fue útil en su momento para tratar de trascender la barrera que identificaba la salud exclusivamente con *lo físico*, lo cierto es que en la actualidad se nos antoja obsoleta, imposible e incluso dañina, dado que plantea como no saludable todo aquel estado que no sea completamente perfecto.[1]

Desde aquella definición de salud, muchas otras son las que se han ido sucediendo, tanto desde el punto de vista teórico como del

---
[1] Huber, M. et al., «How should we define health?», *BMJ* 343, 2011, d4163.

de la aplicación práctica de saberes colectivos de culturas diversas. Quién define qué es la salud cuando esta es inseparable del contexto, la vivencia y su corporalidad es algo complejo, necesario y complicado de responder. Nada más lejos de mi intención adentrarme en ese laberinto en este libro. Durante los capítulos de este se hará uso de una conceptualización de la salud cercana al concepto de dignidad que utilizan Amartya Sen y Martha Nussbaum en el llamado «abordaje de las capacidades», y que está compuesta no solo por variables clásicas de salud (duración de la vida, falta de discapacidad...), sino también por variables relacionadas con la capacidad para el disfrute del ocio, la representación pública o la participación social.

La adscripción a un tipo de definición de salud u otro es, al fin y al cabo, la toma de partido en el eje individuo-comunidad. Ya sea hablando de cómo financiar los servicios públicos de salud (impuestos, donaciones, seguros, pagos de bolsillo[2]...), de quién es responsable de enfermar (decisiones individuales, influencia de los determinantes sociales de salud...) o de cómo hemos de abordar los grandes problemas de salud (abordaje individual basado en la estratificación del riesgo, abordajes poblacionales que intenten desplazar la distribución del riesgo de la totalidad de la población...), el dilema que subyace es el de considerar a los individuos o a las poblaciones como sujetos de desarrollo de las políticas de salud y dueños de la calificación de «sanos» o no.

En un mítico artículo publicado en el *International Journal of Epidemiology*,[3] Geoffrey Rose planteó que la manera de enfermar de los individuos y la de las poblaciones eran diferentes y que tenían que ser analizadas de maneras distintas; asimismo, Rose planteaba que los abordajes desde la salud pública no deberían basarse en actuar sobre los individuos o grupos de individuos con alto riesgo de presentar un resultado adverso de salud, sino que deberían llevarse a cabo actuaciones universales que lograsen disminuir

---

[2] Se llama pago o gasto de bolsillo a aquel que es aportado de forma directa por el usuario, no vía impuestos ni mediante seguros de ningún tipo.
[3] Rose, G., «Sick individuals and sick populations», *International Journal of Epidemiology* 30(3), 2001, pp. 427-432.

el riesgo de la población en su conjunto, desplazando la curva de riesgos hacia lugares más saludables. Tratando de aterrizar esto en alguna medida que nos suene familiar, podríamos decir que antes que buscar a las personas que ingieren altas cantidades de bebidas azucaradas para llevar a cabo alguna medida que disminuya su consumo, deberíamos plantear medidas como la implantación de un impuesto a las bebidas azucaradas que, aunque tenga un impacto variable a lo largo de la escala de consumo de estas bebidas, desplazará a la totalidad de la población hacia consumos de menor riesgo.

Otro ejemplo sería el de actuar para promover la actividad física en personas con alto riesgo cardiovascular construyendo una gran red de carriles bici con seguridad e incentivos para su utilización por parte del mayor porcentaje de población posible.

¿Es la salud un bien común?

Un aspecto común de todas las definiciones de salud que habitualmente se manejan es que consideran que la salud es un bien individual, más allá de que tenga condicionantes que hundan sus raíces en los determinantes sociales de la salud y que impliquen a la colectividad en su cuidado. Conjugan la salud en singular.

Sin embargo, se hace necesario un abordaje que piense la salud como un bien colectivo de cuyo cuidado también ha de responsabilizarse a dicha colectividad (a la que podemos llamar comunidad, sociedad...). Esta visión de colectividad sí que se ha desarrollado a la hora de pensar en qué políticas e intervenciones son las que tienen mayor capacidad para mejorar la salud de los individuos y las poblaciones, pero también la han aplicado las grandes industrias fabricantes de productos nocivos para la salud (tabacaleras, industria de alimentación ultraprocesada...) en su intento de actuar a nivel poblacional vendiendo una idea prefabricada y totalmente uniformizada de individualidad y originalidad.

Si la salud es un bien común,[4] más allá de las definiciones, visiones y acercamientos desde la academia, será esa comunidad la que tenga que hacer el esfuerzo por definirla. Una de las características de la conceptualización de la salud en los últimos cincuenta años ha sido la creciente separación del papel del *pueblo* (entendido como «sabiduría popular», pero también como «sentido común») en su definición.

El aceleramiento en los ritmos del capital, el acortamiento en los tiempos de vida útil de los bienes y conceptos y el incremento en la explotación comercial de ámbitos antes nunca explotados han hecho que la salud *no tuviera tiempo* para ser definida por gente lega y desde la colectividad, de modo que ha debido ser expropiada, estandarizada y transformada en una suerte de matriz de medidas y biomarcadores que faciliten su clasificación.

Paradójicamente, a la vez que la definición de salud en su práctica material se ha alejado de la población, esta última ha ido recibiendo más mandatos sobre prácticas y conductas que debe elegir de forma «libre» (ya se hablará en este libro sobre esta *libertad*) para así poder alcanzar ese estado de salud definido desde fuera.

Es necesario definir una forma de acordar qué consideramos salud, qué implicaciones tiene y cómo preservarla; probablemente esto no pueda ser hecho, de forma operativa, con la participación de «todos los afectados»,[5] pero parece claro que es necesario dejar de acaparar la normativización de la salud por parte de los profesionales sanitarios, así como desmercantilizarla (lo cual irá unido a alejarla de la búsqueda perpetua de marcadores biométricos que traten de medir cosas que aún no sabemos si sirve para algo medir).

Esta necesidad de recuperar lo comunitario afecta no solo a las vivencias positivas y los derechos, sino también a la gestión de la escasez y la toma de decisiones complejas. El título del libro hace referencia a un artículo del filósofo barcelonés Àngel Puyol en el

---

[4] Vineis, P., «Public health and the common good», *Journal of Epidemiology and Community Health* 68, 2014, pp. 97-100.

[5] Esto hace referencia al denominado principio de todos los afectados, que considera que en la toma de decisiones en el ámbito de lo público deben estar implicadas todas las personas o colectivos que estarán afectadas por dichas decisiones.

que se preguntaba «¿A quién debemos dejar morir?»,[6] a raíz de un suceso ocurrido en un hospital madrileño en el que se excluyó de la lista de trasplantes a un paciente por su contexto socioeconómico, y no por razones médicas. Al fin y al cabo, de esto trata lo que hacemos con los sistemas públicos de salud: priorizar el uso de los recursos que se tienen aplicando criterios de eficiencia y equidad para, en última instancia, tratar de mejorar la salud de la población de la manera más justa posible.

La sanidad pública y las retrotopías

El periodista Guillem Martínez acuñó el término «cultura de la transición» en alusión a la cultura española posterior al franquismo, una cultura consensuada y vertical que ha actuado, desde los años ochenta, como el paradigma cultural unificador de conciencias políticas y sociales. Como el único marco posible de realidad durante décadas.

Paralelamente, podríamos hablar de la «sanidad de la transición» como aquella conceptualización de las políticas de salud en el Estado español posterior al franquismo, unas políticas de salud consensuadas y verticales, centrípetas hacia lo sanitario, que han actuado, desde los años ochenta, como el paradigma unificador de políticas de salud, pero también sociales. Como el único marco posible de realidad durante décadas.

El papel de la sanidad en el conjunto de los estados de salud de la población es relativamente modesto (hablaré de esto más adelante), siendo más importantes otros determinantes de tipo medioambiental o socioeconómico; sin embargo, en este libro voy a dedicarle un papel importante no solo por lo que es la sanidad pública para la creación de salud, sino, sobre todo, por lo que significa como servicio público y escenario de batalla de visiones y opciones políticas diversas y, en ocasiones, contrapuestas.

---

[6] Puyol, À., «¿A quién debemos dejar morir?», *Claves de la Razón Práctica* 103, 2002, pp. 54-59.

La construcción del sistema público de salud en España se hizo a la par que se levantaba una retrotopía, tomándole prestado el término a Zygmunt Bauman, una utopía construida *a posteriori* y proyectada sobre el pasado. Esta retrotopía, junto con el equivalente sanitario de la cultura de la transición, es lo que hace que toda reforma se plantee con el pasado como modelo y como objetivo, un pasado idealizado e irrepetible (afortunadamente). Con estas páginas no se pretende hacer una teoría del todo que nos saque de esa retrotopía y plantee un futuro fácil y determinado, pero sí facilitar al lector herramientas de análisis de los sistemas públicos de salud con una mirada hacia el pasado, el presente y el futuro, introduciendo elementos que, tal vez, no sean los que más abunden a la hora de hablar tanto de salud como de sanidad.

Tomando como guía la muy manoseada (y no por ello menos cierta) frase de Rudolf Virchow que dice que «la medicina es una ciencia social, y la política no es más que medicina a gran escala», es preciso dejar de lado los discursos que abogan por despolitizar un ámbito, el de la salud, que ahora más que nunca necesita de las politizaciones más radicales que podamos imaginar.

PARTE I
PLANTEAMIENTO

¿QUÉ LES PASA A LOS SISTEMAS PÚBLICOS DE SALUD?

Los sistemas públicos de salud son un lugar donde confluyen diferentes conflictos políticos, económicos, sociales y morales. Desde dónde construir la definición de salud hasta qué papel ha de desempeñar la individualidad frente a la colectividad a la hora de atribuir responsabilidades en el desarrollo de la enfermedad, qué papel han de tener el Estado y lo público en el cuidado de la salud de la población, de qué manera se han de financiar los sistemas públicos de salud y qué repercusiones tiene la elección de un modelo determinado, qué ideología existe detrás de las diferentes maneras de abordar la salud y las políticas en este ámbito o por qué los sistemas públicos de salud siempre están en crisis...

Cada sociedad se ha ido dotando de una estructura de protección, prevención y cuidado de la salud que es resultado de su contexto socioeconómico, su situación política y sus valores culturales. En este primer bloque se abordarán los motivos por los cuales es importante que mantengamos un sistema público de salud —quiera decir esto lo que quiera decir—, a qué llamaremos público y a qué privado, o qué marco ideológico es el que da forma a cada manera de pensar la salud y de abordar las políticas sanitarias.

Además, se hablará especialmente de la compleja relación entre sistemas públicos de salud y crisis, presente desde hace décadas y sin aparente capacidad para resolverse ni hacia el colapso total ni hacia la solvencia del sistema.

Más allá de las noticias sobre listas de espera, falta de médicos (o no), precariedad laboral de los enfermeros o el nuevo récord de trasplantes anuales de España por enésimo año consecutivo, existe un terreno en el cual es preciso fijarse en la brecha y no en la grieta para describir la situación de los servicios públicos, en general, y de los de salud, en particular, para preparar las propuestas del futuro que permitan hacer frente a las embestidas de muchos de los intereses en conflicto que interactúan en el ámbito de la salud.

01
PÚBLICO

¿Qué quiere decir *público* en un sistema sanitario público?

En 2012 muchos balcones de Madrid lucían sábanas blancas como forma de manifestar su defensa de la sanidad pública. Unos meses antes el Gobierno del Partido Popular había manifestado su intención de otorgar la gestión de seis hospitales a empresas privadas, así como comenzar un modelo de provisión privada en unos cuantos centros de salud. Profesionales y ciudadanía comenzaron a salir a la calle movilizándose en defensa de la «sanidad pública» con diferentes apellidos («100 %», «de calidad», «universal»…); mientras tanto, los miembros del Gobierno que habían presentado esa propuesta afirmaban que la sanidad seguía y seguiría siendo totalmente pública, y que a la gente no le importaba quién fuera quien le prestara la asistencia sanitaria, si un contratado por la Comunidad de Madrid o por alguna empresa privada, mientras el acceso a la misma siguiera siendo libre de pagos. Es decir, muchos profesionales y colectivos sociales se movían por la sanidad contra unas medidas que quienes las iban a implantar decían que no menoscababan un ápice lo «público» existente en el concepto «sanidad pública». ¿Qué problema había ahí? ¿Es «lo público» un concepto confuso? ¿Es «lo público» un concepto lo suficientemente amplio como para que quepan diferentes sensibilidades más allá de sus posicionamientos ideológicos en otros aspectos?

Al hablar de sanidad, lo público o lo privado pueden verse en diferentes aspectos del sistema sanitario, y eso hace más complejo en muchas ocasiones tanto el análisis como la reivindicación o el diálogo. Puede ser público o privado:

→ Financiación: un sistema sanitario se puede financiar mediante cotizaciones a la Seguridad Social o impuestos directos-indirectos (financiación pública) o por medio del pago directo por parte de la ciudadanía de seguros voluntarios u obligatorios, así como mediante el pago directo por la asistencia concreta recibida (financiación privada).

→ Propiedad: los centros sanitarios pueden ser públicos o privados, y funcionar con profesionales que, con independencia de la propiedad del centro, estén contratados por instituciones públicas o privadas, de modo que la propiedad de las infraestructuras es también un criterio para la consideración de lo público/privado en un sistema.

→ Control: la supervisión de los estándares de calidad y seguridad de la asistencia sanitaria puede estar en manos de entidades públicas o externalizada a organizaciones privadas.

→ Provisión: el aspecto en el que más se ha tendido a acudir a lo privado en los últimos años, la provisión de la asistencia sanitaria; esto es, los trabajadores que prestan la asistencia pueden ser empleados públicos (funcionarios, estatutarios, laborales…, pero públicos) o ser contratados por una empresa privada (y regirse por el derecho que compete a estas empresas, claro).

Estos cuatro puntos pueden servirnos para aclarar un poco los conceptos, pero tampoco son una solución milagrosa, dado que en muchas ocasiones existen mezclas de ambos modelos; esto es, una cosa puede ser cien por cien pública o cien por cien privada, pero también puede tener elementos de ambas cosas. Por ejemplo, en el caso de España, nos vanagloriamos de tener un sistema sanitario público con amplia cobertura (casi universal), sin copagos en el punto de asistencia y que es, dentro de nuestros servicios públicos, de los que mejor funcionan; sin embargo, si miramos a las cifras de gasto sanitario, podemos observar que tres de cada diez euros gastados en sanidad salen del bolsillo de la población, y una parte importante de ese 30 % es derivada de la falta de cobertura por parte del sistema sanitario público (salud bucodental, prestaciones ópticas, copago de medicamentos…).[1] Es decir, nuestro sistema sanitario público lo es, pero hay una parte considerable del gasto que se hace en sanidad que sale directamente de los bolsillos de la población (además de lo que sale vía impuestos).

Dado que lo público y lo privado parecen no representar una dicotomía clara, sino los dos polos de una amplia gama de combinaciones, cabría preguntarse si en los últimos años nuestro sistema sanitario ha tendido más a acercarse al polo de lo totalmente público o, por el contrario, ha ido introduciendo elementos crecientes de privatización.

Si miramos a la financiación, desde hace muchos años el porcentaje del gasto sanitario total que no sale de los impuestos, sino que es aportado de forma directa (no por los impuestos, insisto) por parte de la población, es más o menos constante, en torno a un 30 %. Sin embargo, sí que ha habido algunas variaciones, como la introducción del copago de medicamentos (con tope de aportación) en las personas pensionistas, la exención de copago en desempleados sin prestación o el aumento del porcentaje de aportación en la población activa en general; además, y menos comentado generalmente que los aspectos relacionados con el copago (que copan lo mediático, pero tienen un impacto más modesto que lo que vamos a decir ahora), hay dos aspectos que deben ser resaltados:

→ Durante muchos años, y aún en la actualidad, la sanidad se ha financiado por impuestos y deuda. Es decir, las Administraciones autonómicas han financiado una parte importante del funcionamiento del sistema público de salud mediante la emisión de deuda pública. Esta forma de trasladar el gasto sanitario a las próximas generaciones o a los ajustes en otras políticas no es una forma de privatización, pero sí de desplazamiento intergeneracional de la carga de financiación de un servicio público.

---

[1] En relación con el gasto sanitario, es interesante consultar los datos que publican anualmente tanto el Ministerio de Sanidad, Consumo y Bienestar Social (por medio de la Estadística de Gasto Sanitario Público) como la Organización para la Cooperación y el Desarrollo Económico en su web y en su informe «Health at a glance».

→ Los incentivos a la contratación de seguros privados: tras unos años en los que algunos partidos políticos abogaron por intentar posicionar en la agenda la desgravación fiscal de los seguros sanitarios privados individuales[2] (es decir, que contratar un seguro sanitario privado supusiera una disminución de la recaudación de las arcas públicas), se ha acabado implantando en España una desgravación fiscal para la contratación colectiva de estos seguros de salud. Esta medida descansa sobre la asunción de que el doble aseguramiento supone un ahorro para las arcas públicas al haber cierta parte de la asistencia que se presta por parte de la sanidad privada; sin embargo, esto dista mucho de tener ningún dato empírico que lo avale y, además, fomenta la existencia de dos sistemas sanitarios paralelos (uno público y uno privado), cosa que sí ha demostrado ser negativo para la sostenibilidad de los sistemas públicos de salud.

En lo relacionado con la propiedad de los centros y las infraestructuras sanitarias, la tendencia más reseñable en la última década ha sido la de disminuir la inversión en nuevas infraestructuras, cayendo el gasto de capital en muchas comunidades autónomas en torno al 50 %[3] y favoreciéndose los conciertos con entidades externas. La utilización de conciertos en la época de crisis para la realización de pruebas complementarias, aligerar la lista de espera… puede (y debe) ser interpretada como un mecanismo de traslación de la inversión en infraestructuras a años de mayor bonanza económica, lastrando, por otro lado, la capacidad económica de esos años al tener que soportar el deterioro y la sobreamortización de las infraestructuras y tecnologías durante los años en los que, en

---

[2] Sobre esta medida publiqué un artículo en *eldiario.es* titulado «Reforma fiscal y seguros sanitarios privados: ampliando desigualdades», que podría resumirse con este párrafo de Vicente Ortún (economista de la salud): «La desgravación fiscal del seguro voluntario de salud resulta difícil de sostener en la medida que existe un seguro obligatorio financiado públicamente, que la disminución del coste público que supone tener un seguro duplicado no es contrastable y que además la desgravación distorsiona las decisiones individuales e introduce inequidad porque no todos tendrán acceso».

[3] Según datos de la Estadística de Gasto Sanitario Público para el año 2017, publicados por el Ministerio de Sanidad, Consumo y Bienestar Social.

vez de invertir en su compra y mantenimiento, se invirtió en la externalización del trabajo que desempeñaban.

Si echamos una mirada al control de la actividad sanitaria, podríamos decir que en nuestro sistema público de salud tenemos una función de control público pero parcialmente capturado. El fenómeno de captura del regulador (y del controlador) hace referencia a la relación de alineación y relación de «favor debido» existente entre *lobbies* industriales y personas encargadas de la regulación y control de una práctica industrial. Un ejemplo paradigmático de captura del regulador podría ejemplificarlo el hecho de que una exdirectiva de Coca-Cola fuera nombrada para el desempeño de un alto cargo (relacionado con la nutrición) en el Ministerio de Sanidad del Gobierno de España. Otro aspecto relacionado con la función de control dentro del sistema sanitario tendría que ver con la capacidad que tiene la institución pública de garantizar no solo la prestación de servicios, sino también la calidad del desempeño cuando externaliza un servicio sanitario. Este punto, junto con la capacidad de revertir los contratos, probablemente sea uno de los más polémicos, críticos y desapercibidos dentro del ámbito de la contratación con empresas externas.

Por último, el aspecto más polémico en los últimos años en nuestro país, relacionado con la privatización sanitaria, es el de la privatización de la gestión y la provisión. Desde la aprobación de la denominada Ley 15/97 (de la que se hablará posteriormente), la implantación de modelos de prestación de servicios sanitarios que incluyeran fórmulas de gestión diferentes a la gestión pública directa ha sido crecientemente frecuente. La Comunidad Valenciana, Cataluña, Andalucía, Madrid…, todas las comunidades autónomas han ido implantando modelos de un tipo u otro que, bajo la titularidad pública (empresas públicas, sobre todo) o la privada (conciertos y concesiones, estas últimas mediante régimen de Iniciativa de Financiación Privada o Partenariados Público-Privados),[4] se

---

[4] Estos dos modelos se conocen generalmente con sus siglas en inglés (PFI y PPP) y son dos de los mecanismos más habituales de concesión de centros sanitarios públicos hacia manos privadas. El PFI consiste en otorgar la construcción de un centro sanitario a una empresa privada a cambio de cederle la gestión de los servicios no clínicos durante un tiempo determinado por una cantidad concreta de dinero,

alejaban del modelo funcionarial-estatutario y pasaban a un modelo basado en una relación de tipo laboral. Más allá de que los modelos de gestión privada sean, principalmente, un modo de desfuncionarización de los profesionales sanitarios, cabe preguntarse si han supuesto una mejora en los resultados en salud o en la manera en la que se ha utilizado el dinero público destinado a la prestación de los servicios sanitarios. En nuestro país, las evaluaciones brillan por su ausencia (y cuando existen, son varias y con resultados contradictorios, como ocurre en el caso del Modelo Alzira valenciano); sin embargo, sí que existen algunos datos tanto del Reino Unido como de Italia de donde se pueden extraer algunas conclusiones:

→ Los centros de gestión privada tienden a tener unas ratios de profesionales/población más bajas y la remuneración de aquellos suele ser, asimismo, inferior.[5]

→ En el Reino Unido y Suecia se ha observado que la privatización de la gestión ha favorecido el afloramiento de centros sanitarios en áreas de mayor nivel socioeconómico y la dificultad de abrir centros sanitarios en zonas de renta más baja (por su mayor complejidad clínica, entre otras cosas, rara vez bien remunerada en los mecanismos de reembolso de este tipo de servicios).

→ En un estudio realizado en Italia[6] donde se comparaba la evolución de la mortalidad al incrementar la financiación de centros de gestión pública frente al aumento en centros de gestión privada, se observó que la primera (la pública) se asociaba a disminuciones de la mortalidad, mientras que el incremento de financiación en los centros de gestión privada no conseguía traducirse en disminuciones de mortalidad.

---

mientras que los modelos PPP —más variados— principalmente consisten en la prestación de un servicio clínico por parte de la empresa privada a cambio de un dinero por paciente y año (cápita).

[5] Devereaux, P. J. et al., «A systematic review and metaanalysis of studies comparing mortality rates of private for-profit and private not-for-profit hospitals», CMAJ 166, 2002, pp. 1399-1406.

[6] Quercioli, C. et al., «The effect of healthcare delivery privatisation on avoidable mortality: longitudinal cross-regional results from Italy: 1993-2003», Journal of Epidemiology and Community Health, 2012.

Probablemente, las diferencias en resultados en salud entre los centros de gestión pública y privada no sean desproporcionadas; asimismo, los centros de gestión privada tienen mayor «flexibilidad» en la contratación, el problema es que lo que unos llaman flexibilidad otros podríamos llamarlo precarización o aprovechamiento de la legislación laboral para eliminar beneficios y derechos de los trabajadores. La abogacía por la gestión pública (directa en general, indirecta en ocasiones y común siempre) que se hace en este libro se basa principalmente en tres aspectos: I) una mayor capacidad para controlar y modificar el trabajo y el curso de las organizaciones cuando funcionan desde la gestión pública, II) un alejamiento y renuncia del ánimo de lucro como base del funcionamiento de la sanidad pública y III) la necesidad de convertir los servicios públicos en fuente de innovación con una mirada de equidad que no podrá ser implementada desde la innovación con ánimo de lucro al no existir ningún incentivo —formal o informal— para ello.

Siguiendo en cierto modo la idea que Mariana Mazzucato, en *El Estado emprendedor*[7] (horrible título, mejor contenido), formula en el ámbito de la innovación y la investigación, deberíamos asumir que es necesario que el Estado se implique de forma directa en la financiación, propiedad, control y gestión de los servicios públicos de salud para utilizarlos como herramienta de desarrollo social, económico y político, tratando de guiar el funcionamiento del sistema y no, como en las últimas décadas, luchando por no ahogarse en un barco lleno de agujeros.

¿Para qué sirve un sistema sanitario público?

Si le hiciéramos esta pregunta a cualquier persona por la calle, seguramente habría dos cosas que saldrían en las respuestas más frecuentes: para curarnos cuando caigamos enfermos y para no tener que hipotecarnos cuando necesitemos asistencia sanitaria. Además de ser dos respuestas bastante integradas en el conocimiento colectivo de los servicios públicos, son dos de las funciones

---

[7] Mazzucato, M., *El Estado emprendedor*, RBA, 2014.

clásicas de los sistemas sanitarios que siempre se mencionan al explicar cómo funcionan. Por decirlas de una manera un poco más académica, podríamos afirmar que entre las funciones clásicas de un sistema sanitario están: I) mejorar el estado de salud, II) dotar de protección financiera, III) tener capacidad para responder a las demandas de la población y IV) gestionar los recursos dados de manera eficiente. Si además estamos hablando de un sistema sanitario «público», entonces debería interesarnos que todo ello se hiciera de forma que esas funciones se desempeñaran teniendo en cuenta la manera en la que se distribuyen los resultados entre la población, guiándose por un fuerte principio de equidad.

Desde un punto de vista más global, y con el ánimo de responder con una sola funcionalidad del sistema sanitario público, es necesario echar un ojo a la respuesta de Norman Daniels, quien, recogiendo la corriente del liberalismo igualitario de John Rawls y aterrizándolo en el ámbito de la salud, defiende que es la conservación de la igualdad de oportunidades lo que verdaderamente dota de sentido a los sistemas sanitarios públicos:

> La importancia moral fundamental, en términos de justicia, de prevenir y tratar la enfermedad y la discapacidad mediante servicios sanitarios efectivos (interpretado de una manera amplia de modo que incluya las medidas de salud pública y las medioambientales, así como los servicios médicos individuales) deriva de la manera en la que esto protege el normal funcionamiento y contribuye a la protección de las oportunidades. Específicamente, manteniendo a las personas cerca de su normal funcionamiento, el sistema sanitario mantiene la capacidad de las personas de participar en la vida política, social y económica de su sociedad. Les mantiene como ciudadanos plenamente participantes —colaboradores y competidores normales— en todas las esferas de la vida social.[8]

Para expresar esto mismo me parece muy adecuada la frase de Leonard Cohen (a la que llegué a través de Rafa Cofiño, referente poé-

---

[8] Daniels, N., «Justice, Health, and Healthcare», en *Journal of Bioethics* 1(2), 2001, pp. 2-16.

tico y salubrista) en su canción «The smokey life», que dice: «*Remember when the scenery started fading, I held you 'til you learned to walk on the air*» (recuerda cuando el paisaje comenzó a desvanecerse, te sostuve hasta que aprendiste a caminar en el aire). Eso es (o debería ser) el sistema sanitario público y eso marca tanto sus virtudes como sus limitaciones, un sostén para cuando no podemos caminar en la vida y a la vez un rehabilitador para capacitarnos hacia la autonomía (dentro de la interdependencia).

Estas funciones que hemos descrito, en efecto, son el sostener en el aire mientras la persona empieza a andar; sin embargo, se encuentra con un límite muy claro, y es que no hace nada por capacitar a la persona para emprender ese camino ni para generar las alianzas para ello. El sistema sanitario actúa, en el mejor de los casos, como un taller de puesta a punto de la persona, pero obvia que, una vez fuera del sistema, es preciso que la persona tenga herramientas, recursos y capacidades para no tener que volver a pasar por ese taller. Ese más allá de la sanidad es donde se juega la salud, y debería recibir más atención y protagonismo que lo que se encuentra dentro del sistema sanitario. Es imprescindible un sistema sanitario público que garantice que si una persona enferma, no tendrá que dejar la vida a un lado para poder hacer frente a circunstancias añadidas más allá de la enfermedad (costes catastróficos, búsqueda de proveedores sanitarios...), pero también es imprescindible saber que, si hablamos de preservar la igualdad de oportunidades y el normal funcionamiento del individuo (quiera lo que quiera decir eso), tal vez no baste mirar ahí.

Esta mirada del sistema sanitario como factor importante en la preservación de la igualdad de oportunidades siempre me ha parecido —no sé si intencionadamente— simplista y reduccionista, como si supusiera que el sistema sanitario provee servicios a las personas con independencia de su contexto social y económico y con la mirada puesta a ponerlos a punto para que puedan salir a competir a la arena de la sociedad, donde, libre elección mediante, se labrarán su futuro. Si miramos más allá de ese punto de partida que parece querer ayudar a preservar el sistema sanitario, podemos rescatar este párrafo de un texto de César Rendueles:

La igualdad no es un punto de partida, es un resultado. Las versiones de la igualdad natural sentimentales —«Todas las personas somos iguales...»— o tecnológicas —«Todos estamos conectados...»— son cosméticas e incluso contraproducentes. No somos iguales. En realidad, somos bastante diferentes. La igualdad es el fruto de la intervención política, un producto de la construcción de la ciudadanía y la democracia que debemos cultivar sistemáticamente.[9]

Si la igualdad es un resultado, cabría preguntarse en qué medida el sistema sanitario es un reductor o un amplificador de las desigualdades sociales existentes. Aquí merece la pena detenerse a analizar dos aspectos diferentes: I) la capacidad del sistema en su conjunto de reducir las desigualdades sociales y ejercer un papel de cohesión social y II) el desempeño del sistema sanitario al ser transitado por personas en situación desfavorecida en los diferentes ejes de desigualdad.

Sobre lo primero, cierta evidencia hay de que el gasto público en salud, en nuestro contexto, tiene una moderada capacidad de reducir las desigualdades sociales;[10] sobre lo segundo, y como se comentará más adelante en este libro, existen formas de funcionamiento del sistema sanitario que parecen poder agrandar las desigualdades *a priori* existentes, tanto por dificultar el fácil acceso al sistema (burocracia de entrada), a sus prestaciones (listas de espera), como por las diferencias de trato a población con diferentes características no normativas (pobreza, obesidad, no cisheterosexualidad...) dentro de las consultas en el proceso de atención sanitaria.

Sanidad pública: ¿una cosa de pobres?

---

[9] Rendueles, C., «Contra la igualdad de oportunidades», en *Espejismos digitales* [blog], 21 de mayo de 2013, https://espejismosdigitales.wordpress.com/2013/05/21/contra-la-igualdad-de-oportunidades/.

[10] Spadaro, A., L. Mangiavacchi, I. Moral-Arce, M. Adiego-Estella y A. Blanco-Moreno, «Evaluating the redistributive impact of public health expenditure using an insurance value approach», *European Journal of Health Economics* 14(5), 2013, pp. 775-787.

En el año 2011 Martin McKee y David Stuckler publicaron un artículo que, basado en el marco de lo que comenzaba a pasar en el Reino Unido, sería premonitorio de lo que ocurriría con posterioridad en España. Bajo el título «El asalto a la universalidad: cómo destruir el Estado del Bienestar»,[11] describieron cuáles eran los pasos lógicos que debería seguir cualquier estrategia de desmantelamiento de los servicios públicos para tener éxito en su propósito; en el artículo se describen cuatro pasos fundamentales: I) crear un grupo identificable de personas que no se merezcan recibir dicho servicio público, que no sean dignos de él, II) generar un sistema en el cual los ricos disfruten de pocos beneficios a cambio de los impuestos que pagan, III) disminuir el papel de los sindicatos, mostrándolos como defensores exclusivos de los intereses de sus miembros en vez de reconocer que las elevadas tasas de afiliación sindical han beneficiado históricamente a la población general y IV) tomar decisiones cuyas implicaciones sean poco claras y cuyos efectos solo sean vistos en el futuro.

Sobre lo que ocurrió en España el año después de la publicación de ese artículo, en 2012, con la publicación del Real Decreto 16/2012, que cambió el modelo de cobertura sanitaria y expulsó a los inmigrantes indocumentados del sistema, así como a otros colectivos, se ha escrito mucho y volveremos de forma recurrente a mencionarlo en el libro; en este caso me parece especialmente importante resaltar un aspecto de las reformas de la cobertura sanitaria que se realizaron en esos meses, que cuadra a la perfección con el segundo punto de los señalados en el artículo: la expulsión de los ricos del sistema sanitario. Aunque el foco se pusiera en los inmigrantes indocumentados como principales damnificados por los cambios en la cobertura sanitaria, las personas con rentas mayores de cien mil euros anuales que no fueran rentas del trabajo también fueron expulsadas. Está claro que se trata de gente que se puede permitir costearse la asistencia sanitaria que precisen, pero el sistema sanitario no se puede per-

---

[11] McKee, M. y D. Stuckler, «The assault on universalism: how to destroy the welfare state», *BMJ* 343, 2011, d7973.

mitir expulsar de su cobertura a aquellas personas que la están financiando vía impuestos.

Para dañar un sistema sanitario no basta con excluir a las personas más vulnerables, sino que es preciso también generar desafección entre las clases altas de modo que no vean la necesidad de que dicho sistema exista y lo vean como una carga y no como un activo necesario para la sociedad y para ellas en particular. Este es un aspecto que McKee y Stuckler describieron a la perfección en su artículo y que posteriormente se pudo ver cómo se aplicaba en España.

Pero no solo la sociedad en su conjunto debe velar por que su sistema sanitario público dé cobertura y asistencia a las personas de rentas altas, sino que, a su vez, estas tienen muchos motivos para preocuparse de que las personas de rentas bajas también tengan una buena cobertura por parte del sistema público de salud. Lo explica bien Michael Marmot en su artículo «¿Por qué los ricos deben preocuparse por la salud de los pobres?»,[12] donde hace referencia a los costes en salud que genera la desigualdad económica y cómo tratar de disminuir esas desigualdades puede tener cierta capacidad para dotar a la sociedad de una cohesión de la que también se benefician las personas de rentas más altas.

Para qué NO sirve la sanidad pública

Hay quien defiende que aludir a la titularidad de un servicio (público o privado) en vez de a los resultados de dicho servicio (resultados en salud, equidad en la prestación, eficiencia en el desempeño…) es sectario e «ideológico» (como si hubiera algo que estuviera desvestido de toda ideología, especialmente al hablar de la gestión de los servicios públicos).

Sería pueril creer que la mera titularidad pública de un sistema sanitario lo convierte automáticamente en equitativo, accesible y de calidad. La superioridad, en términos generales, de los sistemas

---

[12] Marmot, M., «Why should the rich care aboult the health of the poor?», *CMAJ* 184(11), 2012, pp. 1231-1232.

públicos de salud para conseguir resultados en esas tres dimensiones con respecto a los sistemas con mayor porcentaje de sanidad privada está avalada por la gran mayoría de la bibliografía existente al respecto, pero no podemos obviar que no es la etiqueta de «público» lo que trae aparejadas dicha equidad, accesibilidad y calidad, sino una forma de funcionamiento más transparente, sin necesidad de extraer beneficio económico de la prestación de servicios sanitarios y teniendo un mayor control público. Los sistemas públicos de salud tienen que funcionar más allá del eslogan y han de ser evaluados más allá de su presunción de equidad y eficiencia.

Los sistemas sanitarios públicos sirven para lo que hemos comentado antes, pero es necesario poner límites a su utilidad social. Logrado cierto nivel de bienestar colectivo, la aportación del sistema sanitario a la salud de la población es reducida. En un estudio publicado en 2019 se estimaba que la aportación del sistema sanitario a la salud total de la población era de un 10 %,[13] cálculo coherente con estimaciones realizadas con anterioridad, que sitúan esta cifra entre el 10 % y el 20 %. El resto de la salud se podría atribuir a la situación socioeconómica, las condiciones medioambientales y, un pequeño porcentaje, a las características genéticas del individuo; es en estos otros ámbitos donde es probable que las políticas públicas tengan tanta o más capacidad de generar salud que desde los sistemas sanitarios.

Además, en el ámbito de la salud existen algunos aspectos que pueden exceder (o deberían) el ámbito de lo público o lo privado, no siendo posible observarlos desde una de estas dos titularidades exclusivamente, sino estableciéndose derechos y obligaciones en torno a ellos. El ejemplo paradigmático de esto es la inmunidad de grupo (o de rebaño) en las enfermedades prevenibles mediante vacunación y que hayan demostrado generar inmunidad colectiva. Las decisiones individuales sobre si vacunar o no (a uno mismo o a sus hijos e hijas) pueden incurrir en conflictos que expongan a mayores riesgos de enfermar a personas que no tienen la capacidad

---

[13] Kaplan, R. M. y A. Milstein, «Contributions of health care to longevity: a review of 4 estimation methods», *Annals of Family Medicine* 17(3), 2019, pp. 267-272, http://www.annfammed.org/content/17/3/267.full.

de protegerse frente a enfermedades de una forma «elegida», como sería el caso de las personas inmunodeprimidas o de aquellas con problemas de acceso al sistema sanitario. En este caso, la «privatización» de la inmunidad de rebaño consistiría en el secuestro de una decisión que en su totalidad no puede quedar en manos de la individualidad. Por otro lado, la acción coercitiva por parte de las instituciones obligando a vacunar o implantando herramientas de poder blando al respecto (obligatoriedad vacunal para entrar en guarderías o acceder a ayudas sociales, por ejemplo) no ha demostrado aumentar las tasas de vacunación y sí ha probado ser regresiva por convertir la decisión de no vacunar en una libertad que se puede comprar con el suficiente poder adquisitivo.

Por ello, más allá de la privatización de la decisión o la estatalización del paternalismo vacunal, es necesario comprender que la inmunidad de rebaño es un bien común que ha de ser construido mediante la comprensión de que hace falta una sociedad entera para cuidar a quienes no tienen la capacidad de cuidarse por sí mismos.[14]

---

[14] En relación con la no vacunación y los discursos en torno a ella cabe recomendar el siguiente artículo: Cruz Piqueras, M., A. Rodríguez García de Cortázar, J. Hortal Carmona y J. Padilla Bernáldez, «Reticencia vacunal: análisis del discurso de madres y padres con rechazo total o parcial a las vacunas», *Gaceta Sanitaria* 33(1), 2019, pp. 53-59.

02
ANTECEDENTES

Los sistemas públicos de salud no han existido desde siempre. Algunos de ellos, como el alemán o el japonés, hunden sus raíces en las décadas previas a la Segunda Guerra Mundial, pero la mayoría de los sistemas públicos de salud experimentaron un impulso definitivo en la época de la postguerra, gracias a una mezcla de consenso político y utilitarismo económico.

El Estado del Bienestar nació de un consenso entre partidos en los albores del siglo xx. Fue implementado por liberales y conservadores para los que la provisión pública de servicios médicos universales, pensiones de jubilación y educación gratuita representaba no el primer estadio del socialismo del siglo xx, sino la culminación de las reformas liberales del siglo xix.[1]

En el contexto de la postguerra en Europa, la implantación de sistemas públicos de salud fue vista como la respuesta lógica y esperable a la confluencia de los siguientes aspectos:

→ Voluntad de generar estructuras que promovieran la cohesión social y la paz en época de postguerra.
→ Necesidad de que existiera un sistema que ayudara a mantener la productividad de los trabajadores, restituyendo la salud de estos cuando enfermaran.

---

[1] Minué, S., «Lo público y lo privado en sanidad», en V. López Ruiz y J. Padilla Bernáldez (coords.), *Salubrismo o barbarie*, Atrapasueños, 2017.

→ Acumulación de conocimiento científico-técnico como para que la implantación de sistemas complejos de este tipo fuera efectiva y eficiente.

→ Existencia de estructuras fiscales con capacidad suficiente para desarrollar sistemas de ámbito estatal con diferentes mecanismos de financiación según el país en cuestión.

Los sistemas públicos creados por aquel entonces (o con anterioridad, en el caso de Alemania) se suelen agrupar en dos grandes grupos: sistemas financiados por medio de las cotizaciones a la seguridad social y sistemas financiados mediante el pago de impuestos (directos e indirectos). Sin embargo, y para entender cómo han ido variando algunas características de los sistemas de salud en los últimos ciento cincuenta años, considero más adecuado describirlos como si, en vez de con una dicotomía, nos encontráramos con una variable continua en la cual existen dos polos: a un lado, nos encontraríamos con los sistemas de libre mercado, en los cuales no existiría la obligación de obtener un seguro sanitario individual o colectivo y el gasto procedería de la interacción entre la persona que precisa asistencia y la asistencia que provee el mercado sanitario; al otro extremo, nos encontraríamos con los sistemas sanitarios de planificación central, con un papel monopolístico del Estado y operado en todo momento por trabajadores públicos.

Hay dos aspectos fundamentales que hacen que los sistemas se vayan desplazando de una parte a otra de la línea imaginaria que une los sistemas de libre mercado y los de planificación central. Por un lado, el grado de coerción realizada por el Estado para la extensión de la cobertura sanitaria; por otro lado, la magnitud de la participación pública en los diferentes componentes del sistema (financiación, control, propiedad y provisión).

En relación con el primer aspecto —el papel del Estado para obligar (o no) a la población a tener cobertura sanitaria—, podemos observar sistemas en los cuales tener un seguro sanitario es una opción (Estados Unidos, por ejemplo), otros en los que es una obligación (modelos de seguros sanitarios obligatorios, como, por ejemplo, Singapur) y otros en los que es un derecho, ya sea adquirido mediante cotizaciones a la seguridad social (sistemas tipo Seguridad Social), como por el derecho de ciudadanía (la situación actual de España) o de residencia (la situación de España previa al año 2012). Cuanto menor es la voluntariedad de la adquisición de aseguramiento o cobertura sanitaria, mayor suele ser la participación del Estado y la presencia de la solidaridad (vía impuestos) como mecanismo de financiación del sistema.

En lo que concierne al otro aspecto, el de la participación de lo público, atraviesa diferentes dimensiones; por un lado, la financiación del sistema puede proceder exclusivamente del bolsillo de la ciudadanía de forma directa o bien vía cotizaciones o impuestos. Por otro lado, la provisión de los servicios sanitarios puede llevarse a cabo mediante profesionales que trabajen por cuenta propia (el modelo cooperativista de la atención primaria es uno de los más importantes a este respecto), contratados por una empresa privada o que sean empleados públicos. Son pocos los países en los cuales la generalidad de los profesionales sanitarios son trabajadores públicos, siendo más frecuente la coexistencia de muy diversas formas en la condición público-privada de los trabajadores.

¿Qué diferencia a unos sistemas de salud de otros?

Dentro de los sistemas públicos de salud de nuestro entorno, hay dos tipos que son los más frecuentes: sistemas tipo Seguridad Social y sistemas nacionales de salud. La diferencia fundamental entre unos y otros radica en la procedencia de la financiación (cotizaciones o impuestos), pero también hay otros aspectos importantes que resultan diferenciales entre ambos.

Los países con sistemas públicos de salud tipo Seguridad Social, también llamados tipo Bismarck, suelen proceder de una tradición menos universalista, con fuerte vinculación del acceso a las prestaciones sociales por medio del trabajo. En estos países (Alemania, Bélgica, Francia…) la atención primaria suele tener un papel poco importante y los copagos vinculados a la asistencia suelen ser mayores.

Por otro lado, los sistemas nacionales de salud, o «tipo Beveridge», son herederos de tradiciones universalistas que no vinculan las prestaciones a la aportación vía empleo, sino que tienden a otorgar los derechos por condición de ciudadanía (o similar) y realizan la financiación por medio de impuestos directos e indirectos. El Reino Unido y su National Health Service es el paradigma de este tipo de modelos, con una atención primaria que constituye la base del sistema, una cobertura universal y ausencia de copagos o, de existir, con una cuantía poco importante.

El modelo del sistema sanitario en España se considera que es tipo Sistema Nacional de Salud, pero no siempre ha sido así, y ello hace que tenga reminiscencias de épocas previas. Hasta el año 1986, con la entrada en vigor de la Ley General de Sanidad, la financiación del sistema se realizaba por medio de cotizaciones y solo las personas aseguradas (cotizantes y beneficiarios, principalmente) tenían derecho a la asistencia sanitaria; en dicho año la financiación se mantuvo, pero la cobertura comenzó a expandirse tratando de seguir, progresivamente, un principio de ciudadanía. En el año 1999, con la Ley de Presupuestos Generales del Estado, la financiación pasó a proceder de los impuestos recaudados, no solamente de las cotizaciones, continuando la expansión de la cobertura sanitaria hacia la cobertura sanitaria universal. En este momento, 1999, se puede considerar que España pasa a tener un sistema nacional de salud, aunque con características de su pasado como sistema de Seguridad Social. En el año 2012, mediante el Real Decreto 16/2012, se produce un fenómeno de regresión en la evolución hasta entonces del sistema público de salud en España: se retorna la cobertura hacia un modelo más restrictivo y que vincula el derecho a la asistencia a la aportación vía cotizaciones a la seguridad social (expulsando del sistema a los inmigrantes indocumentados, entre otros), se recupera el concepto de «aseguramiento», pero se mantiene el modelo de financiación vía impuestos. En la actualidad, tras el Real Decreto 7/2018, se ha recuperado en parte la situación previa a 2012 y se ha vuelto a desechar el concepto de «aseguramiento», tratando de caminar hacia un modelo universal vinculado a la condición de ciudadanía (no de residencia), aunque, por la forma en la que se redactó el texto aprobado, aún no se ha logrado una universalidad que deje de excluir a colectivos como los familiares reagrupados o los residentes que lleven menos de tres meses en el país.

Además de este camino singular del sistema público de salud en España, existe otra singularidad que puede ayudar a comprender por qué se dice que existen reminiscencias del modelo sanitario anterior; existe un grupo importante de personas que no están incluidas en la generalidad del sistema público de salud, sino en un régimen especial de mutualismo: los funcionarios, jueces y militares. Es decir, las élites funcionariales en España tienen la posibilidad de que, mediante sus cotizaciones, se les preste asistencia sanitaria por parte de proveedores privados, con acceso directo al especialista y con regímenes de prestaciones y copagos diferentes a los de la generalidad de la población. Un sistema de doble velocidad que sustrae estos recursos de la caja común del sistema sanitario al que tiene acceso la población general y los utiliza para mantener un sistema paralelo que, además, no sufrió apenas ningún tipo de constricción presupuestaria durante los años en los que el gasto sanitario público cayó en torno al 20 % (periodo 2010-2014).

No existe un sistema ideal que sirva para todos los países, porque cada sociedad prioriza unos valores y características, del mismo modo que tampoco hay datos concluyentes que muestren que un tipo de sistema u otro implica un mayor gasto sanitario. Lo fundamental para tener claras las diferencias entre los sistemas existentes es analizar de qué manera se financian, qué papel juega la solidaridad (también llamada «impuestos») en el sistema y de qué manera acceden a él las personas con menos recursos.

¿Qué pasó y cuándo «la privatización» empezó a ser una amenaza?

La provisión con empleados públicos de la asistencia sanitaria no era vista en los años sesenta y setenta como el primer paso hacia una nación comunista (aunque el sistema sanitario soviético, en pleno funcionamiento unos años más tarde, lograra buenos resultados con un papel monopolístico del Estado), sino como el culmen de los ideales de las democracias liberales en su intento de extender un cierto modelo de bienestar (socialdemócrata o socioliberal, según gustos).

Sin embargo, ese modelo en el que lo público era público y no admitía mucho más cuestionamiento comenzó a recibir cuestionamientos en países con fuerte arraigo universalista, como el Reino Unido con la entrada de Margaret Thatcher a finales de los años setenta. Durante los años ochenta el sistema de bienestar británico comienza a afrontar un escenario de desmontaje que cobra su máximo apogeo en el ámbito sanitario durante los años noventa, implantándose múltiples iniciativas que caminan en una dirección clara: la gestión empresarial de los servicios públicos y el deterioro general (por medio de su infrafinanciación) de los servicios de salud. En el año 1988, Oliver Letwin, quien después sería ministro del gabinete del primer ministro David Cameron, publicó un libro titulado «Privatizando el mundo: un estudio de la privatización internacional en teoría y práctica»,[2] donde describía los pasos que posteriormente serían aplicados en los servicios de salud del Reino Unido y que bebían de forma directa de las teorías planteadas por Milton Friedman y la Escuela de Chicago en los años cincuenta: desregulación, privatización de servicios y reducción del gasto público.

En España, la Ley General de Sanidad (1986) y la llamada Ley 15/1997 de Nuevas Formas de Gestión del Sistema Nacional de Salud son los dos grandes hitos legislativos que han permitido la entrada de diferentes formas de iniciativa privada en la sanidad pública. A partir de 1997 fueron varias las experiencias de incorporación de iniciativa privada dentro del funcionamiento de la sanidad pública. La primera ocurrió en Alzira (Comunidad Valenciana) donde se otorgó a una empresa privada la explotación de los servicios de un hospital a cambio de una cápita (una cantidad fija anual por cada habitante al que le correspondiera dicho hospital); unos años después, se renegoció el contrato otorgándoselo a

---

[2] Letwin, O., *Privatising the world. A study of international privatization in theory and practice*, Cengage Learning, 1980.

la misma empresa e incluyendo también el control de los centros de atención primaria a los que correspondía ese hospital. En la Comunidad de Madrid son múltiples las experiencias consistentes en otorgar a un grupo de empresas privadas la construcción de un hospital a cambio de la gestión de los servicios no clínicos (o también de los clínicos), adjudicándoles una cápita (cantidad fija de dinero por persona asignada y año) durante un número de años determinado. El resto de comunidades autónomas también han hecho sus incursiones en este tipo de experiencias, con mayor o menor predominio de las entidades con ánimo de lucro, los modelos concertados frente a los concesionales, las iniciativas de gestión empresarial de la gestión pública…

Cabe reseñar que, aunque el marco legislativo sea el que posibilitó la implantación de nuevos modelos de privatización de la gestión, la causa fundamental del apogeo de estos modelos no es jurídica, sino política, así como del crecimiento y auge en las décadas posteriores a dicha ley.

¿Están en peligro los sistemas públicos de salud en un futuro cercano?

Probablemente, después de la destrucción de la estabilidad laboral tal y como se conocía, la utilización de los servicios públicos como fuente de extracción de beneficios financieros y, en algunos casos, de estabilización de dichos beneficios (cosa imposible de conseguir invirtiendo solo en ladrillo) sea la siguiente estación de paso del sistema económico para mantenerse a flote. Una parasitación de los servicios públicos por parte de la iniciativa privada, ya sea en su relación mediante conciertos, ya sea en la influencia de los modos de funcionamiento mediante el establecimiento de mecanismos de gestión basada en la disminución de costes sin criterios de equidad.

A día de hoy, la mayoría de los servicios regionales de salud tienen externalizada la prestación de los servicios no clínicos y las experiencias de concertación de pruebas diagnósticas e intervenciones quirúrgicas son prácticas totalmente generalizadas. Sin embargo, a pesar de esto, es difícil afirmar que los sistemas públicos de salud estén en riesgo a corto plazo mientras sea su modo de funcionamiento el que se encargue de alimentar a las empresas privadas que viven de él.

Esta paradoja, la de sobrevivir alimentando al que, eventualmente, competiría por destruirte, no debe ocultar la existencia de otros futuros posibles; futuros en los que el monopolio del sistema público de salud no se dé tan solo en la financiación de los servicios sanitarios, sino también en la prestación, y abarque otros ámbitos como el de la dispensación de medicamentos en la farmacia o incluso la producción de los mismos por parte de un ente público industrial (de índole supranacional, a poder ser). Estos escenarios, aparentemente invisibilizados dentro del discurso sanitario hegemónico, entrarían en claro conflicto con los procesos de extracción de valor de la sanidad pública por parte de las empresas de sanidad privada.

Más allá de las privatizaciones en sus diferentes formas, lo que está en peligro a corto plazo (está pasando, de hecho) es la universalidad de los sistemas públicos de salud y, sobre todo, la tendencia a buscarla. En las últimas décadas los sistemas públicos de salud que no eran universales, en términos generales, buscaban esa universalidad con expansiones progresivas de la cobertura. La OMS (WHO, en inglés) ha incorporado como una de sus prioridades y de sus ejes de acción la cobertura sanitaria universal;[3] sin embargo, en muchos países, y coincidiendo con el crecimiento de los partidos de extrema derecha (así como con los intentos de otros partidos de tratar de calmar los discursos que afirman que la universalidad de los servicios públicos hará que se rompan dichos servicios), la tendencia de expansión de la cobertura se está revirtiendo. Ahí radica el verdadero riesgo en la actualidad, y no tanto en la desaparición de los sistemas públicos de salud en sí.

---

[3] Ottersen, T. y O. F. Norheim, *WHO consultative group on equity and universal health coverage. Making fair choices on the path to universal health coverage*, World Health Organization, 2014.

03
CRISIS

La sanidad pública y las crisis económicas

«Análisis de la crisis sanitaria», titulaba el periódico *El País* en 1987 en una tribuna sobre «el conflicto de los médicos»; «El fracaso de la reforma sanitaria», titulaba otra tribuna en el mismo medio de comunicación en el año 1997; «El eterno retorno de las crisis sanitarias», esta vez en 2007 y con la firma de Juan Gérvas e Ildefonso Hernández; «El dinero no basta para cerrar las heridas de la crisis en la sanidad», se titula una noticia que publicó también *El País* en 2019.

Parece claro que si algo ha vertebrado el paso de los años del sistema sanitario público en España ha sido su perpetua situación de crisis, de modo que podríamos considerar que la crisis no es una situación coyuntural derivada de vaivenes políticos, sociales o económicos, sino una característica tan fundamental como su financiación por impuestos o su carácter pretendidamente universal. Más incluso.

¿A qué se debe esta situación de crisis permanente? La mayoría de los análisis suelen centrarse en que en salud las necesidades son generalmente crecientes hasta el infinito, de modo que, a pesar de ofrecerle más recursos a la población, no se llega a una situación en la que todas las demandas de servicios sanitarios estén colmadas porque irán apareciendo otras nuevas. Esta hipótesis parte, como es frecuente al hablar de salud, de la caracterización de la población como insaciables consumidores de recursos sanitarios cuyo único modo de frenar es mediante la limitación de la asistencia sanitaria (copagos, recortes de la cobertura sanitaria, barreras al acceso…).

Sin embargo, hay vida más allá del ciudadano ansioso de ir al médico. Los sistemas sanitarios públicos, y muy especialmente los sistemas nacionales de salud, han de pensarse dentro de un eje de tensión continua: a un lado del eje tenemos el intento de proveer a la población del mayor nivel posible de protección (en salud en este caso), al otro lado tenemos el intento de maximizar la rentabilidad de los servicios sanitarios desde una perspectiva mercantilista. Equilibrar dos aspectos de naturaleza tan diferente (la protección de la salud de la población y la rentabilización mercantilista del funcionamiento de los servicios de salud) es, probablemente, imposible, de modo que el intento de hacerlo tenderá a dibujar sistemas sanitarios con una situación eterna de crisis.

Esto no ocurre así en todos los sistemas; en algunos simplemente se tiende a olvidar este equilibrio y se apuesta por centrar los esfuerzos en saciar completamente las ansias de cobertura de uno de los dos polos del eje que he comentado. Por ejemplo, en Estados Unidos existe una hipertrofia de la rentabilidad económica de la asistencia sanitaria (precios elevados de la asistencia sanitaria, de los medicamentos, de los seguros…), de modo que allí la crisis no es del sistema sanitario, sino que se desplaza hacia otro ámbito, como es el de los derechos humanos. Por otro lado, en países como Canadá o Dinamarca, donde la presencia de los mecanismos privados de explotación de la sanidad no juega un papel central en la planificación, las crisis no se enuncian como «una sanidad en crisis», sino que o bien se atemperan más, o bien se derivan a subsectores que funcionan peor, o a sectores privados que viven como una crisis que se les limite la entrada en masa en la gestión del sistema sanitario.

Una vez asumido que nuestro sistema sanitario siempre estará en crisis (al menos en el corto y medio plazo), tal vez haya que cambiar dos aspectos si queremos que esa crisis perpetua se reequilibre de modo que quienes menos la padezcan sean quienes más necesitan un sistema sanitario público: I) el constante discurso preapocalíptico: la situación de un discurso reivindicativo de tono siempre preapocalíptico es difícil que ayude a realizar mejoras de calado que puedan beneficiar a nadie porque sitúa tanto al político como al gestor, al profesional y al ciudadano en una situación de alerta por desmontaje del sistema, de modo que parece que esta eterna crisis del sistema es la antesala del final del mismo, cuando muy probablemente no se trate más que del último *spin-off*; II) si va a existir una eterna situación de crisis, al menos habrá que asegurar que no hace daño siempre por el mismo sitio, que no se recorta siempre en los servicios que más ayudan a los colectivos más desfavorecidos y que más necesitan de un servicio público de salud.

La sanidad pública como herramienta económica

Desde su diseño y creación, los sistemas sanitarios públicos han cumplido una función bastante alejada de una visión más o menos romántica del derecho a la salud y al bienestar; han sido herramientas al servicio de dos factores económicos fundamentales: la producción y la demanda.

En la época de creación del primer sistema sanitario tipo Seguridad Social en Alemania (segunda mitad del siglo XIX), el Estado necesitaba mantener a los trabajadores sanos para que su pérdida de capacidad para el trabajo no repercutiera de forma negativa en su capacidad de producción.

Por otro lado, el sistema económico de la época no podía permitir que la clase trabajadora viviera con la obligación de ahorrar una cantidad desproporcionada de sus ahorros para protegerse frente a posibles gastos catastróficos derivados de la enfermedad, de modo que la implantación de los servicios sanitarios públicos servía como red de seguridad para el estímulo de la demanda frente a un desproporcionado ahorro.

Curiosamente, en los discursos que analizan la creación y motivaciones de los primeros sistemas sanitarios se da un papel central a la necesidad de mantener la capacidad productiva, pero no se suelen encontrar análisis sobre la capacidad reproductiva. De la misma manera que los derechos humanos fueron en su inicio los derechos del hombre, podría parecer que los sistemas sanitarios públicos eran los sistemas sanitarios públicos de los señores;

sin embargo, los modelos de cobertura siempre incluían de la misma manera el trabajo reproductivo, y la salud obstétrica y perinatal siempre fue de las más desarrolladas (hasta el punto de que uno de los avances más importantes de la historia de la medicina y la salud pública se produjo en un entorno de trabajo puerperal —Semmelweis y el lavado de manos—). Si «la reproducción precede a la producción», como dice Silvia Federici, en la creación de los sistemas sanitarios esto también estaba muy presente, de modo que podemos decir que a los habitualmente nombrados factores de producción y demanda se añadiría uno reproductivo.[1]

Los problemas en la demanda, la producción y la reproducción que trataban de prevenirse o paliarse mediante los sistemas sanitarios públicos en la segunda mitad del siglo XIX y la primera del XX siguen estando presentes en aquellos países con economías potentes pero sistemas sanitarios públicos débiles, como el caso de Estados Unidos, donde la debilidad de su sistema sanitario (y, en general, de sus sistemas de protección social) hace que la enfermedad sea: I) un problema para los trabajadores en activo que la padezcan y atraviesen, por ello, periodos de pérdida de productividad; II) un lastre para la economía del país, situándose el gasto sanitario total cercano al 20 % del producto interior bruto (PIB) y lastrando la demanda hasta el punto de que su contención se vea como un punto clave para el mantenimiento del crecimiento económico del país, y III) un riesgo para la reproducción en el país, con una de las mayores tasas de mortalidad materna e infantil de los países de renta media-alta y alta, con importantes desigualdades sociales en este marcador, además.

Cabría preguntarse cuál es el papel de los sistemas sanitarios públicos ahora, en tiempos en los que parece que hay un exceso de mano de obra y dentro de la clase trabajadora se ha generado una subclase de residuos humanos, como los denominó Zygmunt

---

[1] Esto, obviamente, no quiere decir que los sistemas sanitarios iniciales tuvieran perspectiva de género o trataran especialmente bien a la mujer y sus necesidades en salud. Los sistemas sanitarios siempre han sido, a ese respecto, reproductores de los valores presentes en la sociedad que los albergaba, y el trato a la mujer no ha sido una excepción.

Bauman. En la actualidad los sistemas sanitarios públicos, especialmente en nuestro país, se mueven en una disyuntiva doble: la reconversión de la relación sanidad-trabajo y el equilibrio imposible antes comentado entre protección y mercantilización.

En relación con lo primero, ya no es la sanidad la que ofrece al mercado de trabajo personas listas para entrar en él, sino que es el mercado de trabajo el que es utilizado como llave de entrada para poder acceder al sistema sanitario; en el año 2012 pudimos ver cómo en España se recuperaba el concepto de «asegurado» para poder acceder al sistema sanitario y este se ligaba en mayor o menor forma a la actividad laboral, desterrando en gran parte la concepción de la salud como un derecho de residencia o, al menos, de ciudadanía. Esta centralidad del trabajo para el acceso a la sanidad la podemos observar también en otras propuestas, como la contraposición de los complementos salariales frente a las propuestas de rentas básicas, por ejemplo; tomando prestada una frase de Guillermo Zapata en un artículo de hace unos años: «El *workfare* vendría a ser la fórmula neoliberal del *welfare* (el Estado del Bienestar de toda la vida) y se basa en vincular los derechos principalmente a dos campos: el empleo y la nación».[2]

Por otro lado, los sistemas sanitarios públicos se mueven en el eje antes comentado entre protección (y pacificación) social y agente económico para el mantenimiento y estabilidad de los ingresos de un buen número de industrias relacionadas con la asistencia sanitaria. La sanidad pública es un ejemplo de *too big to fall* (demasiado grande para caer), pero no tanto por su importancia y papel en el cumplimiento del derecho a la salud y por su papel en la recuperación de la salud de la población y el mantenimiento de la igualdad de oportunidades, como comenté unos capítulos antes, sino por la proporción de la actividad económica del país que depende de la función de la sanidad pública como transferidora de recursos públicos hacia la empresa privada. La sanidad pública es un agente económico de primer orden y un

---

[2] Zapata, G., «Ciudadanos, el discurso de la nueva derecha y el cambio político», *eldiario.es*, 18 de febrero de 2015, https://www.eldiario.es/interferencias/Ciudadanos-discurso-derecha-cambio-politico_6_358074204.html.

dinamizador (con independencia de lo que eso quiera decir) de la actividad económica en salud. En España la empresa privada no trata de competir en sanidad con el sector público, sino que ha observado que es mucho más fácil parasitarlo, porque de ese modo dota a sus negocios de una estabilidad imposible de conseguir por otros medios. Como casi siempre, quien mejor explicó este fenómeno no fue una persona que lo analizara desde la abogacía por la sanidad pública, sino que se trató del consejero delegado de Fresenius, una gran empresa de sanidad privada, que afirmó: «Probablemente les sorprenda, pero los ingresos del lado público son más rentables que los del lado privado».

Los sistemas sanitarios son, en resumen, expresiones políticas de las condiciones sociales en las que se gestan y donde se desarrollan, aderezadas con componentes culturales que sirven para explicar el porqué de su diseño, su financiación, su cobertura y su mantenimiento. A la hora de pensar el sistema sanitario del futuro, es fundamental hacerlo en el contexto de la economía del futuro, tanto de la que querríamos que fuera como de la que creemos que será, desde la comunitarización de los cuidados hasta la uberización de la asistencia sanitaria, porque en esas líneas de tensión se encuentra lo que habitaremos.

España, la crisis económica (2009-¿?) y el sistema sanitario público

Cuando se habla del sistema sanitario español, se suele hacer alusión a su capacidad para cohesionar el tejido social y disminuir las desigualdades sociales en salud; creemos (al menos así parece cuando se habla de él) que el sistema sanitario hace más iguales a las diferentes capas socioeconómicas de nuestra sociedad.

Al mirar los datos, también nos dicen algo parecido,[3] la atención primaria tiene un cierto sesgo proclases sociales bajas, mientras que la atención hospitalaria es usada de forma más sesgada

---

[3] Urbanos-Garrido, R., «La desigualdad en el acceso a las prestaciones sanitarias. Propuestas para lograr la equidad», *Gaceta Sanitaria* (S1), 2016, pp. 25-30.

hacia las clases sociales más altas, pero en su cómputo global el sistema sanitario genera más equidad que desigualdad.[4]

Sabiendo esto, sería lógico esperar que, al llegar una crisis económica de las dimensiones de la ocurrida a finales de los años 2000, los Gobiernos central y autonómicos reforzaran y, en cierto modo, blindaran la sanidad pública como forma de tratar de amortiguar los efectos de la crisis sobre las poblaciones más vulnerables. Sin embargo, nada de esto pasó; entre los años 2009 y 2015 el gasto sanitario cayó en 8.800 millones de euros al año, se recortó más en las partes del servicio sanitario que más sirven para reducir las desigualdades sociales (atención primaria y salud pública), y todo ello se hizo diluyendo la importancia del gasto sanitario público en el conjunto de la economía del país. Entre los años 2009 y 2015 solo hubo una partida de gasto que creció en el conjunto del Sistema Nacional de Salud en España: el gasto hospitalario. Hubo dos partidas especialmente afectadas: salud pública y atención primaria. Si miramos dentro del gasto hospitalario, podemos ver que disminuyó el gasto en personal, se derrumbó el gasto de capital (creación y mantenimiento de infraestructuras) y se disparó el gasto en medicamentos y otras tecnologías diagnóstico-terapéuticas de ese tipo. Es decir, en un momento de crisis en el que el gasto sanitario cayó en 8.800 millones de euros al año, nuestro sistema de salud, en vez de blindar y proteger aquellos puntos del sistema sanitario donde más se vela por la equidad y se presta una atención más cercana a la población y con menores barreras, se centró en seguir alimentando la espiral médico-industrial de explotación de beneficios. Es decir, en ese eje de equilibrio entre protección de la población y rentabilidad mercantil fue la rentabilidad la que se sobrepuso.

Mientras los años previos a la crisis mostraron un crecimiento del gasto sanitario superior a las variaciones del PIB, al llegar la crisis económica pudimos observar un cambio que, lejos de ser coyuntural, parece que llegó para quedarse: la sanidad, año tras año, varió su presencia en el gasto público por debajo de las

---

[4] Spadaro, A., L. Mangiavacchi, I. Moral-Arce, M. Adiego-Estella y A. Blanco-Moreno, *op. cit.*, *European Journal of Health Economics* 14(5), 2013, pp. 775-787.

variaciones del PIB, es decir, cuando la economía española se contrajo, el gasto sanitario público cayó aún más que el PIB, y cuando el PIB volvió a crecer, el gasto sanitario público lo hizo de forma más tímida que este. Esto recuerda tímidamente a lo ocurrido en la crisis económica de 1993, tras la cual se produjo un proceso de dilución del peso del gasto sanitario público dentro del conjunto de la economía del Estado; sin embargo, las fuerzas de contención del gasto público de la actualidad y la penetración de la iniciativa privada dentro de la sanidad pública hacen pensar que la limitación del crecimiento del gasto sanitario público a día de hoy puede ser más duradera.

Durante estos años, lo que sí se ha mantenido de forma bastante estable es el uso de dinero público para contratar y concertar servicios con la sanidad privada; mientras a nivel general se anteponía el pago de la deuda a la financiación de los servicios públicos, a nivel sanitario se antepuso la estabilización de los pagos a las industrias relacionadas con la sanidad privada frente al blindaje de los servicios que podían tener un mayor efecto en la disminución de las secuelas de la crisis sobre la salud de la población.

En el año 2013 David Stuckler y Sanjay Basu publicaron un libro llamado *Por qué la austeridad mata*;[5] en él analizaban cómo lo que resultaba nocivo para la salud de la población no eran tanto las crisis económicas como las políticas de austeridad y contracción del gasto público que facilitaban que el efecto de las crisis impactara sobre la población sin que nada lo amortiguara o revirtiera. Las políticas públicas que podrían frenar esos efectos no son solo sanitarias; de hecho, mientras que el efecto del sistema sanitario sobre la capacidad para reducir las desigualdades sociales en salud es más modesto, sí que parece que otras políticas, y especialmente las políticas de salud pública, sí que tienen un valor añadido a ese respecto.[6] El problema en España no es solo que el sistema sanitario haya sido adelgazado notablemente

---

[5] Stuckler, D. y S. Basu, *Por qué la austeridad mata. El coste humano de las políticas de recortes*, Taurus, 2013.

[6] En un artículo de 2013 en el *European Journal of Health Economics* se resumía [OJO: FALTA REF. COMPLETA AL ARTÍCULO]: «El gasto público en salud en España actúa progresivamente en la distribución del ingreso, y los beneficios de

en el periodo 2009-2016, sino que se ha acompañado de un adelgazamiento de las políticas públicas con capacidad de protección social, y eso es algo que tardaremos tiempo en recuperar (si es que lo hacemos).

¿Y qué más da la sanidad, si ahí no es donde se juega la salud?

A lo largo del libro volveremos de forma continua y repetitiva al hecho de que la sanidad no es el lugar donde la salud se genera, ni siquiera es el lugar donde esta se recupera, siendo notablemente más importantes los factores medioambientales, los socioeconómicos o los comerciales; sin embargo, no podemos caer en la falacia de que el sistema sanitario no tenga nada que decir en la salud de la población y que pueda ser un activo para la salud de esta, especialmente en épocas de crisis.

La salud se juega en los barrios y las comunidades, en las movilizaciones donde se lucha contra la precariedad laboral, en las leyes donde se reconocen los derechos de los trabajadores y las trabajadoras y en las inspecciones de trabajo donde se persigue a quienes las incumplen; se juega en las AMPA que logran espacios escolares más saludables para sus hijas e hijos y en el mantenimiento de las zonas verdes de las ciudades; se juega en la oposición a operaciones inmobiliarias especuladoras que hacen que las grandes ciudades sigan divididas en un norte empresarial y un sur dormitorio, de modo que aumenten los desplazamientos (y las contaminaciones) y disminuyan los tiempos para cocinar, cuidar, convivir. La salud se juega donde transcurre la vida, y se construye de la misma manera en la que esta se mantiene, y por ello es preciso que esos espacios se tiñan de salud.

Todos esos campos de juego de la salud quedan afectados en las crisis económicas mucho antes de que la crisis llegue a los sistemas sanitarios; de hecho, son estos los que empiezan a observar

---

salud en especie, una vez considerados como parte del ingreso disponible, pueden ser extremadamente efectivos para reducir la pobreza y la desigualdad».

y absorber los efectos de los aumentos del paro, la caída de las pensiones, el freno a la dotación de leyes como la de dependencia o simplemente la sensación continua de ir a perder el puesto de trabajo.

La sanidad, por otro lado, actúa de desagüe para todo aquello que va fallando socialmente, medicalizándose no solo el sufrimiento, sino también la desesperanza; medicalizándose, incluso, la respuesta política ante los males económicos (que la sanidad sea el último servicio de protección social donde se recorta no es más que un signo de que la respuesta política a las crisis también está medicalizada). Necesitamos pensar un futuro en el que la influencia de las crisis económicas en los sistemas públicos de salud no sea tan importante porque el tejido salutogénico[7] de la sociedad nos haga estar más preparados ante estas situaciones; sin embargo, y sin restar un ápice de importancia a esto (al contrario, trabajando fuertemente para construirlo), es preciso ver cómo reaccionan las políticas públicas y los sistemas económicos ante las crisis y cómo hacen que estas repercutan en los sistemas sanitarios públicos, así como ver qué podemos hacer para que no sean siempre los mismos grupos de población quienes reciban los efectos de estas crisis de forma amplificada.

---

[7] Salutogénico o «productor de salud». Para ahondar sobre este concepto es recomendable leer el capítulo de Blanca Botello y Mariano Hernán sobre activos en salud publicado en V. López Ruiz y J. Padilla Bernáldez (coords.), *op. cit.*, Atrapasueños, 2017.

04
IDEOLOGÍA Y CONTROL

La impronta ideológica de las políticas de salud

La ideología es, ante todo, y sobre todo, un proceso social, un hilo no físico compartido sin origen ni final, que articula socialmente nuestra psique y la vida colectiva. Vivimos en un modelo de sociedad donde la elección se reduce a aquello que se puede comprar, esto es, todo, salvo elegir el propio modelo que lo condiciona todo. La mejor definición del aspecto cultural del capitalismo contemporáneo es su versatilidad a la hora de proyectar una imagen totalmente opuesta al producto que vende; lo vemos en un anuncio de Coca-Cola que recomienda comer sano, verduras y frutas. La ideología siempre está en los detalles inadvertidos, en lo más corriente; la ideología triunfa en la medida en que su presencia sea su ausencia.

JORGE MORUNO[1]

Cuando el Gobierno de España, en el año 2012, aprobó el Real Decreto 16/2012, con el que arrebató la cobertura sanitaria a las personas migrantes en situación de irregularidad documental, muchos de los colectivos que se alzaron para reivindicar que se diera marcha atrás alegaron que se trataba de una medida ideológica, no técnica, y que los datos disponibles sobre la utilidad de la

---
[1] Moruno, J., *No tengo tiempo. Geografías de la precariedad*, Akal, 2018.

cobertura sanitaria para esas personas, para el sistema sanitario, para la economía del país y para la sociedad en su conjunto avalaban su mantenimiento.

La ideología en las políticas de salud siempre ha estado ahí, y la derrota (desde su aprobación) del Real Decreto 16/2012 fue no lograr lo que Moruno expresa como «que su presencia sea su ausencia». Enarbolar la crítica a la ruptura de la universalidad señalando que se trataba de una medida ideológica era a la vez una derrota y una victoria. Una derrota porque obligó a los defensores de la universalidad del sistema sanitario a comprar el marco utilitarista que planteó el Gobierno y hubo que aludir a argumentos alejados de la consideración de los migrantes como personas (basada en un concepto de cobertura sanitaria como derecho humano), debiéndose acudir a argumentos basados en su capacidad de producción o en la pertinencia de evitar que fueran vehículos de transmisión de enfermedades infecciosas. Sin embargo, también fue una victoria porque se evitó que una medida de exclusión de población basada en una condición burocrática fuera vista como desprovista de ideología; en el momento en que se articuló el argumentario como algo ideológico se puso fecha de final a esa medida, y muestra de ello es que una de las medidas del Gobierno que vinieron después fue reformar ese Real Decreto (que la reforma fuera fallida y parcial es algo que daría para otro análisis).

Las políticas de salud y la forma de organizar los sistemas públicos de salud tienen ideología, aunque al estar embebidos en unas disciplinas fuertemente técnicas (y tecnocratizadas) traten de vestirse de una cercanía a la objetividad que no presentan.[2] Dónde situar el punto de equilibrio entre lo público y lo privado, qué papel otorgar a las decisiones individuales en la adquisición de hábitos de vida saludable, cómo concebir la innovación y el progreso en el ámbito de la salud o de qué manera financiarse son aspectos de fuerte trasfondo ideológico que se suelen dar dentro de cada sistema público de salud como aspectos prepolíticos que vienen de serie prefijados; su visibilización, así como su análisis dentro del

---

[2] Padilla, J., «Ideología y salud pública: la influencia determinante de las miradas», en V. López Ruiz y J. Padilla Bernáldez (coords.), *op. cit.*, Atrapasueños, 2017.

marco ideológico correspondiente ayudan a saber si esa falta de alternativa que se dibuja es tal o solamente responde al enmarque de ciertas políticas dentro del discurso hegemónico.

Marco teórico y políticas de salud

Circula por internet una imagen de una pancarta colgada de alguna calle del barrio bonaerense de San Telmo que dice: «No sos vos, es tu marco teórico». Posiblemente, esta pancarta podría utilizarse para justificar los diferentes abordajes frente a la respuesta a la pregunta «¿De quién es la responsabilidad de enfermar?», de modo que comprendiésemos que no se trata de afrentas personales entre anarcocapitalistas y colectivistas, sino que las diferentes respuestas a esa pregunta son las respuestas lógicas derivadas de diferentes formas de analizar la realidad.

La ideología siempre ha estado en la raíz de la respuesta a cómo las sociedades han interpretado la salud, la enfermedad, las responsabilidades en torno a su mantenimiento o su desarrollo y el papel de los Estados en su protección.

Uno de los conflictos fundamentales, donde la ideología y la priorización de una mirada determinada de entender la salud se enfrentaban, siempre ha sido el de la libertad de mercado frente a las medidas de coerción para evitar enfermedades infecciosas. En el siglo XIX, los políticos y economistas liberales se oponían a la teoría contagionista de las enfermedades infecciosas porque la asunción de esta suponía admitir la implantación de la cuarentena como mecanismo de freno a la expansión de las enfermedades infecciosas, cosa a la que no estaban dispuestos, argumentando que no existía una base racional para dicha teoría, además de que suponía un freno para el comercio que les resultaba inasumible.[3] Ese conflicto entre las medidas de restricción del libre mercado por motivos de salud y los reclamos de libertad de circulación de mercancías por motivos comerciales es algo que se viene repitiendo desde

---

[3] Tesh, S. N., *Hidden arguments. Political ideology and disease prevention policy*, Rutgers University Press, 1996.

hace décadas y que llega a tener representación en documentos de la Organización Mundial del Comercio (OMC) sobre salud pública y mercado donde se afirma que «en el momento en el que se implantan restricciones al libre comercio (por problemas de salud pública), estas deben ser limitadas en el tiempo y minimizar la interrupción del comercio internacional».[4] Una vez que las enfermedades infectocontagiosas dejaron de ser las más frecuentes dentro de nuestro panorama epidemiológico, la llegada y el ascenso de las enfermedades crónicas abrieron la puerta a diferentes abordajes según el marco ideológico desde el que fueran planteadas. Por un lado, la idea liberal de la elección racional, la universalidad de dicho razonamiento y la responsabilidad individual sobre las acciones tomadas plantearon un marco de políticas e interpretación de la realidad según el cual el lugar donde debían actuar las políticas de salud eran los hábitos de vida de las personas. Fumar, hacer ejercicio, qué tipo de alimentos consumir, el uso de preservativo en las relaciones sexuales..., todos ellos serían hábitos que parten de la decisión individual de llevarse a cabo o no y para los cuales existe un vínculo conocido entre su práctica y el desarrollo o no de determinadas enfermedades. Por otro lado, tanto algunas corrientes cercanas a la socialdemocracia (desde el liberalismo igualitario) como otras más colectivistas ponen el énfasis un poco más cascada arriba en la cadena de determinantes sociales de salud y plantean que no son las decisiones individuales libres y racionales las que determinan los hábitos de vida, sino las condiciones sociales en las que estos se gestan y desarrollan; de este modo, que de forma sistemática las personas desempleadas fumen en mayor porcentaje que las empleadas, que las personas de bajo nivel socioeconómico sean más sedentarias o lleven a cabo una alimentación menos saludable que las de nivel socioeconómico más alto no serían temas encuadrados simplemente en la decisión individual, sino que partirían de unas condiciones que «incentivarían» o primarían más unas decisiones frente a otras.

---

[4] Organización Mundial del Comercio, *World Health Organization. WTO agreements and public health*, World Trade Organization, 2002.

La atribución de respuestas individuales a problemas basados en las condiciones del contexto recuerda al meme de la multimillonaria Paris Hilton con los brazos alzados y una camiseta en la que se puede leer la frase «*Stop being poor*» (deja[d] de ser pobre[s]), y es así como podrían sonar las interpelaciones individuales de hábitos de vida a personas cuyas condiciones sociales no les permiten esos cambios. Escribe Achille Mbembe que «la expresión última de la soberanía reside ampliamente en el poder y la capacidad de decidir quién puede vivir y quién debe morir». En términos individuales podríamos interpretar esa «soberanía» como tener las condiciones necesarias para poder elegir y ese «quién puede vivir y quién debe morir» como tener la capacidad de elegir la vida que se quiere vivir. En último lugar, no parece que sea posible enunciar ninguna de esas capacidades desde la individualidad (puesto que se solapan con los deseos interpersonales y de la colectividad), de modo que la transición de las políticas centradas en hábitos de vida a las centradas en condiciones de vida es necesariamente una transición desde las políticas liberales de énfasis individual a las más colectivistas de énfasis en la comunidad.

Mirando hacia delante, también existen diferentes marcos ideológicos para afrontar la medicina postgenómica,[5] que lejos de introducir grandes revoluciones en los valores en juego, siguen posicionándose en los diferentes puntos (e intersecciones) de las dicotomías mercado-salud, individuo-comunidad, eficiencia-equidad, desarrollismo tecnológico-decrecimiento saludable, añadiendo, tal vez, nuevos planteamientos epistemológicos que ponen en duda la capacidad de saltar del gen (y el postgen) a la salud pública de forma muy directa. Sobre este asunto de la medicina postgenómica escribiré más adelante.

---

[5] A lo largo del libro se hace referencia a la «medicina postgenómica» como aquella surgida a partir de la secuenciación del genoma humano; de los diferentes intentos de acaparar la hegemonía en este campo, la llamada medicina 4P es, probablemente, la que ha tomado más impulso en los últimos años.

¿Influyen la ideología y el signo político en los resultados en salud?

Entre el «Nuestro trabajo es enorgullecernos en la desigualdad» de Margaret Thatcher y el «No habrá desarrollo sostenible, armonía ambiental o seguridad si no somos capaces de erradicar el hambre y la desigualdad extrema» de Lula da Silva, hay todo un mundo de maneras de entender las políticas y cómo estas afectarán a la salud de la población.

En 2018, la revista *BMJ Open* publicó una revisión sistemática en la que se afirmaba lo siguiente: «Esta revisión concluye que la generosidad del Estado del Bienestar, la tradición política democrática de centroizquierda y la democracia están generalmente asociadas positivamente con la salud de la población».[6] Recientemente, el *European Journal of Public Health*[7] publicaba un artículo sobre los efectos que podía tener para las políticas de salud y para la salud en general la irrupción y crecimiento de los partidos de derecha radical (denomínese como se quiera en el contexto adecuado); las conclusiones, basadas en la revisión de la evidencia en ciencia política al respecto, eran tres: I) menor importancia de los efectos en salud, centrándose el foco en la migración, el crimen y la seguridad, en vez de en la salud o el bienestar, II) preferencia por la implantación de políticas de exclusión y III) no está claro que se produzcan los beneficios para la población «autóctona» que dichos partidos dicen representar.

Los dos estudios citados señalan algo que ya es muy sabido por la alta carga de literatura disponible: las políticas encaminadas al refuerzo del Estado del Bienestar y las políticas de cohesión social, así como a la cohesión social y la protección de las minorías, tienden,

---

[6] Barnish, M., M. Tørnes y B. Nelson-Horne, «How much evidence is there that political factors are related to population health outcomes? An internationally comparative systematic review», *BMJ Open* 8, 2018, e020886, https://bmjopen.bmj.com/content/8/10/e020886.

[7] Falkenbach, M. y S. L. Greer, «Political parties matter: the impact of the populist radical right on health», *European Journal of Public Health*, vol. 28, supl. 3, noviembre de 2018, pp. 15-18, https://academic.oup.com/eurpub/article/28/suppl_3/15/5149572.

en términos generales, a obtener mejores resultados en salud que las políticas que avanzan en otras direcciones, y este tipo de políticas se enmarcan, por lo general y en el largo plazo (para analizar esto son mejores las imágenes en movimiento que las fotos fijas), de forma preferente en unas ideologías que en otras.

Los partidos de diferente signo político aplican (han aplicado y aplicarán) políticas que son dañinas y beneficiosas para la salud de la población, ya sea en el marco de las políticas de salud o dentro de otro tipo de políticas (fiscal, de empleo, de igualdad…); sin embargo, más allá de la localización en el mapa de las diferentes ideologías, sí que parece existir bastante literatura que avala la afirmación de que los Gobiernos con ideologías de izquierda o centroizquierda se asocian con políticas que mejoran la salud de la población, entre otras cosas por decantarse por esta misma de forma más clara cuando entra en conflicto con la priorización del mercado.

Esta carga ideológica no se observa solamente en la forma de desarrollar políticas de salud, sino también en la manera de escoger los indicadores para elaborar *rankings* de los mejores sistemas de salud. El mismo sistema sanitario puede ser el mejor del mundo según Bloomberg, de los quince mejores según *Lancet*, o de los peores de Europa según el índice de consumidores de la sanidad europea (EHCI, por sus siglas en inglés). Entre otras cosas, esto es porque esos *rankings* tienden a primar en la elección de sus indicadores a unos tipos u otros de sistemas de salud (cuyos valores tienen un trasfondo ideológico). Así, por ejemplo, unos *rankings* incluyen criterios como el acceso directo a la atención especializada (esto es, la práctica inexistencia de la Atención Primaria como eje del sistema) como un aspecto positivo, siendo esto propio de sistemas de salud tipo Seguridad Social; por ejemplificarlo en nuestro país, primar este tipo de criterios (cosa que hace el EHCI, en el que España siempre obtiene resultados mediocres) haría que considiráramos mejor el modelo sanitario mutualista de pagar asistencia privada a funcionarios públicos, como tienen los funcionarios en España, frente al modelo de sistema nacional de salud con financiación solidaria, cobertura universal y uso de la Atención Primaria como primer nivel de asistencia.

Para terminar este apartado, podría afirmarse que las políticas actuales de salud se apoyan en un marco ideológico marcado por unos cuantos valores difícilmente cuestionables sin ser señalados:

→ El progreso como equivalente del crecimiento infinito y del productivismo perpetuo, expresado en la necesidad de aumentar la actividad sanitaria, investigadora y docente. Desde este punto de vista, las políticas de salud siguen siendo, además, fuertemente utilitaristas, poniendo más énfasis en la acumulación total de acciones (consultas, centros sanitarios, años de vida ganados...) y no tanto en su distribución en términos de equidad o calidad.

→ La preeminencia de las oportunidades frente a los resultados: la visión de la equidad que puedan tener las políticas de salud tiene un fuerte componente de búsqueda de igualdad de oportunidades, y no de igualdad de resultados; la idea liberal de la asepsia por parte de la institución que diseña las políticas en lo que concierne a guiar las decisiones, limitándose a tratar de corregir los determinantes que generan desigualdades previas a la toma de dichas decisiones, es una característica transversal a las políticas de salud.

→ El individuo como sujeto de derecho: las prestaciones sanitarias, la cobertura (incluso la que tiene voluntad de ser universal) o la participación en el sistema.

Fuera de estos apriorismos que parecen, en el marco actual, incuestionables, es donde se observan las diferencias de las que he hablado en este capítulo.

La(s) políticas de) salud como elemento de regulación social

La definición de la salud y de la enfermedad siempre ha tenido un cierto componente regulador de la normatividad. Lo que no se consideraba normativo en una sociedad y una época era más probable que se considerara como algo mórbido (como ha ocurrido durante décadas con orientaciones e identidades sexuales que no fueran la cisheteronorma). Joanna Moncrieff lo expresa con gran claridad: «En contraste con la idea de que el diagnóstico debe determinar el tratamiento, los diagnósticos en psiquiatría se aplican para justificar respuestas sociales predeterminadas, diseñados para controlar y contener el comportamiento perturbado y brindar atención a las personas dependientes. Por lo tanto, el diagnóstico psiquiátrico funciona como un dispositivo político empleado para legitimar actividades que de otro modo podrían ser impugnadas».[8]

En ese papel normativizador, la sanidad y sus profesionales han desempeñado un triple papel: por un lado, de generadores del conocimiento y los acuerdos necesarios para la categorización de una condición como mórbida (como «enfermedad»); por otro lado, de promotores de la búsqueda del ideal utópico de salud promulgado por la OMS, con la prevención y la obsesión por la salud como motores de la (auto)imposición de un ideal de cuerpo y vida; y, por último, de jueces diagnósticos que abrían la puerta a otorgar un diagnóstico, con las consecuencias (positivas y negativas) que esto tiene.

El acceso a prestaciones sociales, a trabajos protegidos, a exenciones fiscales, a una plaza de aparcamiento en la puerta de casa, a una adaptación curricular..., el acceso a múltiples cosas depende no de la evaluación de la necesidad y capacidad, sino de la evaluación de estas dentro de un marco diagnóstico que las aloje. De esta manera, el mismo fonendo que ausculta a un crepitante, pregunta a la paciente sobre malos tratos por parte de su pareja, prescribe un antihipertensivo o deriva a rehabilitación, es el encargado también de abrir la puerta a un lugar en el que se otorgan prestaciones que facilitan la vida, en un momento y un lugar donde la vida puede ser muy compleja de por sí. Este papel de pulsar el botón que abre las puertas de las prestaciones sociales se caricaturiza hasta el extremo cuando en las oficinas de empleo invitan a las personas que no han ido a «sellar el paro» a que vayan a su médico a que les justifique una hipotética enfermedad que les incapacitara para ello el día en cuestión. Primero como tragedia, luego como farsa.

---

[8] Moncrieff, J., «Psychiatric diagnosis as a political device», *Social Theory and Health* 8, 2010, p. 370.

Poder, salud y cambios

Como escribí en el libro *Salubrismo o barbarie* (perdón por la autocita):

> Sin embargo, la relación entre ideología, política y salud pública es estrecha; debiéndose considerar la salud pública como una forma de biopolítica (término popularizado por Foucault); de este modo, la salud pública no se habría limitado al mero estudio de las relaciones entre riesgos y enfermedades, sino que habría ido más allá, «formando parte de un vasto dispositivo de control político de la salud e higiene de las poblaciones a través de actividades de prevención, promoción y protección de la salud. Un control de los cuerpos que es extensión también a las condiciones morales».[9]

La historia del ejercicio del poder y su lucha por gobernar a los individuos es una historia que muestra qué se ha considerado relevante como elemento de producción y socialización, puesto que eso es lo que el poder ha tratado de utilizar como objeto de conquista para su control y maximización de la labor productiva. Del control externo del cuerpo y su socialización (y producción) a la conquista de la psique y la extensión de la función de producción a las veinticuatro horas del día mediante procedimientos de autoimposición y autocontrol. Esto no quiere decir que en la actualidad opere solamente un mecanismo explicativo de cómo se ejerce el poder, en absoluto, pero sí se han ido incorporando elementos novedosos con una mayor fuerza relativa para explicar cómo operan estas fuerzas de poder y control.

Fue Foucault quien popularizó el término *biopolítica* para expresar la manera en la que la política actúa incidiendo sobre todos los aspectos de la vida, de modo que la medicina (y la salud pública) serían estrategias biopolíticas. Esta definición de la acción del poder y la influencia por parte del Estado sobre el individuo estaría enmarcada dentro de la sociedad capitalista, y respondería a un modelo

---

[9] [OJO: FALTA REF. BIBLIOGRÁFICA DE LA CITA], citando a Jiménez Martín, J. M., *Salud pública en tiempos postmodernos*, Escuela Andaluza de Salud Pública, 2012.

coercitivo de ejercicio del poder, una manera de ejercer dicho poder que no se limitaría a tratar de modular lo ideológico, sino que actuaría, atomizándose, sobre todas las facetas de la vida. Mientras que el paso de lo ideológico a lo corporal lo explicitó Foucault como forma de explicar la evolución de las formas de control y ejercicio del poder, la transición hacia la conversión del poder en un acto reflexivo (realizado por uno mismo) y que conquiste la psique es algo que ha sido más desarrollado (al menos en su faceta más popularizada) por el filósofo surcoreano Byung-Chul Han,[10] quien afirma que el poder trasciende la necesidad de conquistar lo somático y la socialización del cuerpo para tratar de tomar el pensamiento.

Las políticas de salud y los sistemas públicos de salud son, a la vez, mecanismos de ejercicio del poder y herramientas para su distribución. Por un lado, actúan designando qué es lo normativo, de qué manera se ha de conseguir, delimitando qué actividades se pueden llevar a cabo o no con según qué estados de salud o qué requisitos de salud han de cumplirse para poder viajar, comerciar o trabajar; asimismo, al particularizar las desigualdades sociales en desigualdades sociales en salud, ejercen un papel sanitarizador, desmovilizador y despolitizador en la proposición de posibles soluciones.[11] Por otro lado, los sistemas públicos de salud tratan de ejercer un papel redistribuidor, enfatizando la asistencia a las personas que se encuentran en la parte perjudicada de las desigualdades sociales y, en ocasiones, intentando impulsar procesos de participación comunitaria en salud que son ejercicios de redistribución del poder en este ámbito.

Esta posición dual en la acumulación y reparto del poder no ha sido óbice para que en nombre de la salud y desde las políticas

---

[10] Han, B. C., *Psicopolítica*, Herder, 2014.
[11] Lo explica magistralmente Juan Manuel Jiménez en V. López Ruiz y J. Padilla Bernáldez (coords.), *op. cit.*, Atrapasueños, 2017: «Las desigualdades sociales se redefinen como desigualdades en salud y, ya una vez en el campo sanitario, este actúa de acuerdo a su lógica. Con ello se *sanitariza* un problema netamente político. Con la ventaja de que la presión social sobre el campo sanitario es menor que sobre el político porque todo el mundo entiende que los sistemas sanitarios están más para curar que para solucionar el gran problema sociopolítico de la estructuración de la sociedad en clases sociales. Por ello nadie se lo exige. Así, las demandas de solución política se desactivan y los *desiguales* se conforman con parches sanitarios: combatir la desigualdad a base de pastillas».

de salud se hayan llevado a cabo grandes ejercicios de poder y control (no siempre desde un punto de vista negativo, ni mucho menos), como ocurre con la implantación de calendarios vacunales obligatorios en muchos países, el fomento de determinados hábitos de vida para la búsqueda de un estándar determinado de salud promocionado institucionalmente o medidas como los ingresos involuntarios de pacientes con trastornos mentales mediante orden judicial. Sin embargo, estos ejemplos de poder más duro y coercitivo han evolucionado a una forma de penetración más blanda según la cual todo es salud (por lo que nada es salud) y todo comportamiento ha de verse influido por ello, buscando la salud y modificándose para no caer en el daño a la misma.

Achille Mbembe, en su libro *Necropolítica*,[12] escribe: «La propia coerción se ha convertido en un producto de mercado. La mano de obra militar se compra y se vende en un mercado en el que la identidad de los proveedores y compradores está prácticamente desprovista de sentido». Esa idea de Mbembe de que «la propia coerción se ha convertido en un producto de mercado» recuerda a un póster de un congreso científico (la palabra *científico* blanqueando ideologías) donde se presentaba cómo el uso de un medicamento antipsicótico había logrado disminuir la frecuencia de uso de contenciones mecánicas en una planta de psiquiatría. La tecnociencia como contraposición a la coerción clásica, la de atadura y uso de la fuerza. Curiosamente, el medicamento que se presentaba como el antídoto preventivo frente a la contención mecánica era uno de los que más inversión en *marketing* habían recibido en los últimos años en el ámbito de la salud mental, sin que el valor añadido en salud fuera parejo a la inversión comercial. De la contención mecánica al ejercicio del control y el poder por medio de la suma de un medicamento y de las políticas de adherencia al mismo, mostrando los resultados con una mezcla de solucionismo farmacotecnológico e inocencia. El antes, que eran las cuerdas, se transforma en un ahora mercantilizado que es el medicamento, cuya función deja de ser la mejora de resultados en salud para pasar a ser el no tener que contener a una persona en contra de su voluntad.

---

[12] Mbembe, A., *Necropolítica*, Melusina, 2011.

Enlazando con el inicio de este capítulo, cuando hablaba sobre la ideología exitosa como aquella que logra estar sin estar, en el caso de las estrategias de control ocurre algo parecido. Los adalides de la medicina personalizada y de precisión presentan su marco conceptual como un nuevo paradigma capaz de abordar la salud desde una perspectiva holística, añadiendo conceptos de participación al mismo nivel de protagonismo que la precisión y la personalización; sin embargo, hay quien plantea que no se trata más que de una forma de plantear la intención de crear un marco medicalizador y controlador de forma que este control «esté sin estar». Según un artículo publicado en 2016:

> Afirmamos que este holismo, que está dirigido a la prevención de enfermedades y la optimización de la salud, apunta hacia una forma expandida de medicalización que llamamos medicalización holística: todo el proceso vital de una persona es definido en términos biomédicos y tecnocientíficos, como cuantificable y controlable, subyaciendo un régimen de control que es holístico en el sentido de que lo abarca todo.[13]

Las vanguardias filosóficas de la medicina parecen más holismos de control (y facilitación de la explotación comercial-industrial) que holismos de comprensión y construcción de un modelo de salud que se adapte (y combata) las tendencias de debilitación de los lazos sociales del siglo XXI.[14] La salud pública, como herramienta, y los sistemas públicos de salud, como dispositivo de control, pueden desempeñar roles de acumulación del poder o de ruptura del *statu quo* a ese respecto, y probablemente deban esta doble capacidad a la situación actual en la que la salud todo lo permea.

---

[13] El artículo citado (Vogt, H., B. Hofmann y L. Getz, «The new holism: P4 systems medicine and the medicalization of health and life itself», *Medicine, Health Care, and Philosophy* 19(2), 2016, pp. 307-323) merece ser leído por completo por su certero análisis crítico de la denominada medicina 4P y su vinculación a los procesos de medicalización y control.

[14] Padilla, J., «Prevención: ¿aún podemos ser amigos?», *Revista de la Asociación Española de Neuropsiquiatría* 39(135), 2019, pp. 159-175.

PARTE II
NUDO

¿CUÁLES SON LOS ENEMIGOS INTERNOS Y EXTERNOS DE LOS SISTEMAS PÚBLICOS DE SALUD?

Los sistemas públicos de salud se encuentran en una constante encrucijada que nunca se deshará, por su carácter de equilibrio constante entre el garantismo social y la explotación mercantil de beneficios. Además de esas dos almas antagónicas, los sistemas públicos de salud cuentan con algunas dimensiones que, tanto a nivel interno como desde fuera (desde su representación en la sociedad), ayudan a perpetuar esa situación de crisis y amenazan con desestabilizarlos aún más.

Estos enemigos duales que actúan como agresores a la vez que como parásitos son, a su vez, aspectos que caracterizan a la perfección las dinámicas de interacción en las sociedades capitalistas de la postmodernidad: el dilema entre las reivindicaciones de redistribución como solución a las injusticias económicas y las reivindicaciones de reconocimiento como respuesta a las injusticias socioculturales, la centralidad del consumo (tanto material como simbólico), el crecimiento de las desigualdades sociales y su papel principal en el mantenimiento del *statu quo* y la importancia capital del lucro como motor del sistema.

Estos cuatro grandes desestabilizadores de las sociedades que se pretenden como justas ponen asimismo en riesgo la sostenibilidad de los sistemas públicos de salud y su capacidad para desempeñar su labor de una forma efectiva, equitativa y eficiente, teniendo además su correlato en clave puramente sanitaria. Qué respuesta se ha dado a las reivindicaciones de justicia cultural y política en el ámbito de la organización de los servicios de salud, de qué manera la maquinaria médico-industrial ha favorecido que las etiquetas diagnósticas sean bienes de consumo, cómo nos enferman las desigualdades y qué papel desempeñan fuera y dentro de las consultas o qué efectos tiene el ánimo de lucro en el funcionamiento de los servicios públicos de salud.

Más allá de lo que habitualmente se consideran los aspectos que ponen en riesgo los servicios públicos (rigidez legislativa, falta de flexibilidad laboral, riesgo moral por parte de la ciudadanía, políticas fiscales deficientes que ahogan la financiación) es necesario plantearse relatos más amplios que contengan palancas de cambio que se antojan invisibles si el discurso se mantiene en el marco establecido.

05
DILEMA E INTERSECCIONALIDAD

Dilema

Reconocimiento y redistribución, ¿es posible una sanidad pública sin uno de ellos?

En las décadas posteriores a la Segunda Guerra Mundial, la dimensión económica copó los discursos sobre justicia, de manera que la redistribución pasó a ser la principal herramienta para repartirla. En los últimos años setenta, en Mayo del 68 y los cambios protagonizados posteriormente por algunos países en el ámbito de lo político y sus transiciones a la democracia, el desarrollo de los movimientos sociales fue fundamental para hacer que esa dimensión económica dejara parte de su protagonismo a la dimensión social y cultural como vehículo hacia sociedades más justas, siendo el reconocimiento el equivalente de la redistribución en esta dimensión. Por último, el paso a la era de la globalización y la centralidad de lo político hizo que las ansias de representación de los diferentes colectivos e identidades tomaran un papel central.

Mientras que la hegemonía de la dimensión económica planteaba el desarrollo de las sociedades justas en clave de redistribución, la irrupción y crecimiento de las dimensiones socioculturales y políticas introducían la importancia de la representación y el reconocimiento.

Para clarificar qué queremos decir con *redistribución* y *reconocimiento* de forma más clara, ayuda analizarlos en clave de los diferentes tipos de injusticias que nos podemos encontrar en la sociedad.[1] Por un lado, tenemos un tipo de injusticia económica, que deriva de la estructura económica y que tiene un carácter marcadamente distributivo, es decir, pone su énfasis en la desigual distribución de los bienes y recursos económicos, generando situaciones de explotación, desigualdad económica y privación. Por otro lado, existe un tipo de injusticia que es cultural o simbólica, derivada de la estructura social de representación y comunicación y que genera situaciones de dominación cultural, falta de reconocimiento y falta de respeto.

Si bien hay autores, como Honneth,[2] que creen que toda justicia está basada en el reconocimiento y que la redistribución no sería sino una forma de reconocimiento económico, hay una autora fundamental en este ámbito, Nancy Fraser, que plantea una situación bidimensional y reconciliadora. Fraser plantea que tanto la injusticia económica como la cultural necesitan ser eliminadas y combatidas; la dificultad surge cuando se observa que, en términos generales, las medidas de redistribución propuestas tienden a «abolir la especificidad de grupo»[3] mientras que las medidas de reconocimiento tienden a acentuar más esta especificidad. Este aparente choque es lo que se viene a denominar el dilema redistribución-reconocimiento, y su falta de resolución puede hacer imposible avanzar hacia sociedades globalmente justas.

¿Qué tiene esto que ver con la salud y los sistemas públicos de salud?

Los sistemas públicos de salud son productos de las sociedades en las que se gestaron, pero no se han desarrollado a la par que dichas sociedades, y la inclusión de los valores propios de estas en sus modos de funcionamiento y sus prácticas ha sido, en muchas ocasiones,

---

[1] Fraser, N. y A. Honneth, *Redistribution or recognition? A political-philosophical exchange*, Verso, 2004.
[2] Honneth, A., «Integrity and disrespect: principles of a conception of morality based on the theory of recognition», *Political Theory* 20(2), 1992, pp. 188-189.
[3] Fraser, N. y J. Butler, *¿Reconocimiento o redistribución? Un debate entre marxismo y feminismo*, Traficantes de Sueños, 2016.

tardía o ausente. Generalmente, las personas que defienden (o defendemos) los sistemas públicos de salud se jactan de que estos son herramientas para avanzar hacia la justicia social y que tienen capacidad para disminuir las desigualdades sociales en salud.

Este caminar hacia la justicia social debería hacer referencia al abordaje tanto de las injusticias económicas (de redistribución) como a las socioculturales (de reconocimiento); sin embargo, las dinámicas de redistribución siempre son las que han hecho moverse a los sistemas públicos de salud, tanto en sus prácticas (inclusión de prestaciones, mecanismos de evaluación, construcción de infraestructuras) como en sus valores (equidad para revertir o amortiguar las desigualdades sociales, eficiencia para que los recursos públicos se utilicen de la manera óptima sin malgastarlos).

Mientras que las injusticias en clave económica suelen identificarse con mayor facilidad en el ámbito de lo sanitario (falta de acceso por renta, desigualdades en la dotación de infraestructuras y servicios...), suele haber cierta dificultad para delimitar los aspectos de injusticia sociocultural que ocurren en el ámbito de las políticas de salud y, más concretamente, las políticas sanitarias, atribuyéndose dichas injusticias con frecuencia a la responsabilidad de las personas y colectivos agraviados o a la existencia de un *statu quo* que performa la situación existente. Algunos ejemplos de injusticias culturales (y también políticas) frecuentes en nuestro entorno serían: I) la falta de reconocimiento como grupos específicos o con legitimidad en la interlocución de los grupos afectados por decisiones de políticas de salud (llevar a cabo planes de acción en población LGTBQI+ sin que estos sean protagonistas en el diseño de los mismos, por ejemplo, cosa que también ocurre con frecuencia con población gitana, personas sin techo...), II) la perpetuación de dinámicas de dominación entre niveles asistenciales dentro de la estructura del sistema de salud (la asimetría de poder entre los hospitales y la atención primaria o la salud pública, que genera dinámicas de funcionamiento regidas por dicha asimetría), III) la exclusión de grupos de población de la cobertura sanitaria (como ocurrió con los inmigrantes indocumentados en España a partir del año 2012), IV) la reproducción de relaciones de opresión y de falta de reconocimiento a identidades individuales y colectivas dentro de las consultas (la presunción de heterosexualidad, el trato masculino a mujeres trans y femenino a hombres trans…), V) la falta de adaptación al entorno de los datos obtenidos de estudios con baja validez externa (aplicar a poblaciones con características identitarias y culturales diferenciales estudios realizados allá donde la hegemonía del conocimiento científico sigue residiendo: el mundo anglosajón).

A pesar de lo comentado hasta ahora, los problemas de los sistemas públicos de salud con las injusticias de diferente tipo no es solo un tema de identificación, sino también de la respuesta que se da; con la ganancia de protagonismo de las reivindicaciones de reconocimiento y representación, el sistema de salud ha seguido intentando dar respuesta a los reclamos de la población en clave de redistribución. El «ponga usted un hospital a treinta minutos de su casa» sirvió en los momentos del expansionismo desarrollista más ochentero (en España la dictadura hizo que fuéramos unos años por detrás del resto de Europa), pero después se hacía necesario plantear nuevas respuestas para los nuevos tiempos que reconocieran a los nuevos actores y actrices del panorama de la salud dentro de la sociedad y abrieran las instituciones a una participación que fuera algo más que una encuesta de satisfacción rellenada a la carrera sobre un mostrador.

En los años ochenta y noventa surgieron dos grandes grupos de demandas de reconocimiento por parte de colectivos en el ámbito de la salud: por un lado, los pacientes comenzaron a unirse en colectivos organizados para exigir mayores prestaciones en el trato hacia ellos por parte del sistema sanitario (redistribución), ser considerados los grupos de referencia a la hora de abordar aspectos relacionados con las respectivas enfermedades (reconocimiento) y ser tenidos en cuenta como interlocutores legítimos en los ámbitos de gestión del sistema sanitario (representación). Por otro lado, el movimiento feminista abordó la dimensión de la salud de la mujer centrando sus reivindicaciones en el ámbito de lo reproductivo, pero también reclamando un abordaje diferencial a los padecimientos específicos de las mujeres, así como una transformación de la práctica médica que consideraba (y considera) al varón como el patrón estándar y las singularidades de las mujeres como una presentación atípica.

Lo que ocurrió después fue conjuntamente tragedia y farsa. La interpretación por parte de las instituciones sanitarias de las reivindicaciones de reconocimiento y representación por parte de la versión sanitaria de los movimientos sociales (colectivos de pacientes, movimiento feminista...) fue, por un lado, un acto de ignorancia hacia los colectivos de pacientes, que encontraron, en términos generales, buena acogida en los brazos de una industria farmacéutica que buscaba maneras de esquivar la legislación existente sobre publicidad directa al consumidor y establecer relaciones directas con los pacientes que consumían o consumirían sus productos; por otro lado, las exigencias de reformas que reafirmaran las necesidades específicas de las mujeres en el ámbito reproductivo se centraron en la legislación en torno al aborto y dejaron a gran distancia cualquier otro aspecto relacionado, mientras las demandas de reformas que transformaran la práctica clínica con sesgo de género se aparcaron, perpetuándose la situación actual, en la que existen más de setecientas enfermedades para las que se da retraso diagnóstico en las mujeres.[4]

Un grupo que merece una mención especial a este respecto es el de los colectivos de lucha contra el VIH-sida, cuya acción y capacidad de abogacía e incidencia política en los peores años de la epidemia del sida lograron posicionar el problema en las agendas de las políticas de salud y consiguieron obtener respuestas que les dotaban de recursos a la par que les reconocían como legítimos interlocutores. El segundo es el movimiento LGTBQI+, pero muy concretamente los colectivos de personas trans; en España las mujeres trans tienen una tasa de desempleo del 80 % y una esperanza de vida treinta años menor que la población general; como es lógico, un problema de tal magnitud que amputa la vida de las personas a causa de su identidad sexual y que presenta injusticias de tipo económico y cultural no se va a solventar con una respuesta puramente redistributiva o exclusivamente de reconocimiento,

---

[4] Ruiz Cantero, M. T. (coord.), *Perspectiva de género en medicina*, Fundación Dr. Antoni Esteve, 2019.

de modo que la forma en la que respondan la sociedad, en términos generales, y los sistemas públicos de salud, en el ámbito que atañe a lo expresado en este libro, dará muestra de la capacidad para servir a quienes más lo necesitan.

A día de hoy, siguen existiendo abordajes desde lo político en los cuales las respuestas se diseñan solamente en clave de reconocimiento o de redistribución. Un ejemplo de esto son las nuevas estrategias de humanización de la asistencia sanitaria, que constituyen, en gran parte, una forma de reafirmación del dilema redistribución-reconocimiento al sustituir o supeditar las reclamaciones de mejoras estructurales de los recursos existentes por una suerte de banalización del reconocimiento asimilado con el buen trato y el cuidado del paciente. Esta corriente humanizadora, que podría parecer un sucedáneo caducado de la bioética (o de la ética, sin más), no tiene capacidad para abordar los problemas que se plantean en el ámbito de la asistencia despersonalizada (tal vez si la llamáramos «clientelizada» desbrozaríamos más fácilmente el camino) al renunciar al abordaje de las causas estructurales y fiarlo todo a un refuerzo superficial de uno de los lados del dilema que nos ocupa.

La comprensión por parte de los sistemas públicos de salud de las dinámicas que operan detrás de las exigencias de redistribución, reconocimiento y representación en los diferentes lugares donde estas pueden darse es fundamental para construir sistemas de salud que sean justos, aportando su parte a la equidad en salud, así como para dotar al sistema de una legitimidad y fortaleza social que no podrán ser conseguidas solamente decantando la balanza por uno de los lados del llamado dilema redistribución-reconocimiento.

Interseccionalidad

Durante siglos, el mayor problema de salud al que se enfrentaba el ser humano fueron las enfermedades infectocontagiosas; los sistemas de salud que empezaban a organizarse lo hacían para hacer frente a este tipo de patologías, agudas y transmisibles, por lo general. Con el paso de los años, los países occidentales, en un primer lugar, y de una forma mixta el resto de países del mundo, experimentaron la llamada transición epidemiológica, que suponía un cambio de un escenario de alta mortalidad infantil y alta frecuencia de epidemias infecciosas a otro en el que lo predominante era una elevada esperanza de vida y una mayor frecuencia de las enfermedades crónicas.

En torno a este último concepto, el de las enfermedades crónicas, se han articulado la gran mayoría de las innovaciones organizativas en los sistemas públicos de salud en los últimos quince años; modelos que giraban en torno a la existencia de enfermedades crónicas, en ocasiones coincidentes en un mismo paciente y con múltiples tratamientos a la vez, de modo que ya no se hablaba del paciente crónico, sino del paciente pluripatológico o del polimedicado.

Sin embargo, todas estas denominaciones han adolecido de lo mismo que Rudolf Virchow, en 1848 en Alta Silesia, descubrió que adolecían los abordajes basados en las enfermedades infecciosas epidémicas: la integración de la perspectiva política y de determinantes sociales. En su informe sobre la epidemia de tifus en Alta Silesia decía:

> La causa de la peste, sin embargo, no puede estar en los cambios de estación únicamente, debido a que apareció por primera vez como epidemia en el siglo VI y a que las enfermedades epidémicas parecidas registradas en la historia pertenecen a una forma enteramente diferente de peste que se extinguió en el siglo IV. Por esto, para que la peste eche raíces, deben existir factores adicionales a las características del país, y estos han de relacionarse con el modo de vida y con las condiciones políticas de los egipcios, tal como fueron formadas en el siglo XIII.[5]

Es decir, la miopía salubrista es algo arrastrado desde hace unos cuantos siglos, y la generación de nuevos modelos hegemónicos

---

[5] Virchow, R., «Reporte sobre la epidemia de tifo en Alta Silesia», *Medicina Social* 3(1), 2018, pp. 5-20.

de práctica clínica y organización de los sistemas de salud no parece haber incorporado plenamente esta mirada.

El correlato social y político a los modelos de asistencia sanitaria basados en la detección y seguimiento de pacientes crónicos complejos, pluripatológicos o polimedicados es lo que se denomina interseccionalidad. La pluripatología (existencia en una misma persona de varias enfermedades crónicas simultáneamente) es a la mirada biomédica lo mismo que la interseccionalidad al abordaje de los determinantes sociales.

Existen abundantes datos acerca de cómo la intersección de varias condiciones desfavorecidas en diversos determinantes sociales de salud en una misma persona no tiene, por lo general, un efecto aditivo en el desarrollo de una enfermedad, sino que la relación que se establece al coincidir diferentes condiciones desvaría la simple suma. Si la política de salud quiere sumarse a la tendencia de la medicina personalizada y de precisión, probablemente debería abandonar el solucionismo tecnológico y basar su abordaje de personalización en el análisis de la interseccionalidad. Como se afirma en un artículo publicado en 2012 sobre desigualdades sociales en la mortalidad por cáncer de pulmón: «La perspectiva interseccional ayuda a identificar los subgrupos de población que tienen mayor riesgo. Subraya la importancia de comprender el contexto local en términos de identificación de patrones de riesgo, así como de priorización de intervenciones en grupos vulnerables. Además, enfatiza el hecho de que muchas de las diferencias sociales en salud observadas en general y en cáncer de pulmón en particular no son biológicamente inevitables, sino que están modeladas por los procesos sociales y por la forma en la que las instituciones incorporan las respuestas procedentes del sistema sanitario».[6]

Se atribuye a la poeta Akasha Hull la frase «Todas las mujeres son blancas, todos los negros son hombres, pero algunas de nosotras somos valientes»; esa ejemplificación de la interseccionalidad como lugar donde ser ignorado estructuralmente podría

---

[6] Williams *et al.*, «Integrating multiple social statuses in health disparities research: the case of lung cancer», *Health Services Research*, 47(3pt2), 2012, pp. 1255-1277.

asimismo ser esgrimida en términos sanitarios por parte de aquellas personas que aglutinan complejidades clínicas con condiciones de exclusión social. Algunos y algunas serán valientes, pero el sistema no puede dejarlos de lado si no quiere perder la legitimidad social de la que ha gozado muchos años, porque la universalidad no puede ser solo un tema de acceso, sino también de calidad efectiva en la prestación de la asistencia.

06
COMBUSTIBLE

La nada como diagnóstico
y el todo como tratamiento: más allá de
la medicalización de la vida diaria

*La persecución de la salud
es un símbolo de falta de salud.*

Petr Skrabanek

Qué se considera una enfermedad o qué necesita ser atendido por un proveedor sanitario es algo bastante lejano al sentido común, y cada vez más. El problema, como es lógico, no son los extremos; tanto una hemorragia cerebral como la caída de una pestaña son escenarios en los que la gente suele tomar la decisión correcta sobre si es un suceso con entidad como para precisar ir al médico/a o enfermero/a. Sin embargo, otros aspectos, como la tristeza, la disminución del deseo sexual o el nerviosismo ligado a situaciones vitales estresantes, dibujan líneas más tenues que se han ido difuminando para dar condición de enfermedad (o, al menos, de suceso que precisa de atención sanitaria) a situaciones que antes no la tenían.

Estos cambios en las fronteras de lo que se considera «merecedor» de asistencia sanitaria no se deben a nuevos hallazgos en investigaciones diagnósticas o terapéuticas, sino a un concepto que podemos considerar una amenaza a la sostenibilidad, supervivencia y liderazgo de los sistemas públicos de salud y que llamamos medicalización.

En las últimas décadas se han modificado (a la baja) los umbrales de la hipercolesterolemia y de la hipertensión arterial, se han modificado los criterios diagnósticos de los trastornos mentales y se han generado nuevos constructos diagnósticos para entidades previamente no mórbidas. Paralelamente, han ido apareciendo nuevas indicaciones para medicamentos ya establecidos y nuevas estrategias para prolongar los periodos de monopolio de la explotación comercial de dichos medicamentos. En definitiva, podríamos decir que en las últimas décadas la tendencia ha sido desdibujar las fronteras de los criterios diagnósticos (especialmente en algunos ámbitos concretos, como el de la salud mental) a la vez que se generaban más condiciones concretas con indicaciones aprobadas para tratamientos farmacológicos.

De la medicalización (biopolítica) a la saludificación (psicopolítica)

Cuando en las últimas décadas del siglo XX se empieza a pensar en la medicalización, esta se describe en términos que dan a entender que el proveedor de cuidados (médicos, generalmente) tiene un papel en el control o resolución del problema que se ha introducido en la esfera de lo médico sin serlo.[1,2] Esta medicalización venía en muchas ocasiones incentivada desde lo institucional (la institución médica, la judicial, sociedades profesionales…), pudiéndose, en cierto modo, asimilar a una forma de coerción blanda según la cual si ciertos problemas no pasaban por el filtro de lo biomédico, no podían ser solventados o legitimados (tristeza, deseo sexual hipoactivo, trastornos del ánimo con base en problemática laboral…).

Sin embargo, con el paso de los años, esta medicalización que podríamos denominar *intensiva* ha ido mutando en una medicalización más extensiva y que saca el foco de la institución para

---

[1] Conrad, P., «Medicalization and social control», *Annual Review of Sociology* 18, 1992, pp. 209-232.

[2] Gavilán, E. y A. Iriberri, «Medios de comunicación como agentes que facilitan la medicalización de la vida: el ejemplo de la andropausia», *Revista de Comunicación y Salud* 4, 2014, pp. 49-67.

ponerlo en la persona. Esa idea de «empresarios de uno mismo» de la que habla Byung-Chul Han se transforma en un «medicalizadores de uno mismo», haciendo que cada cual ejerza su propia autocoerción aplicando las dinámicas de medicalización a cada aspecto de la vida, y no con un ánimo curativo, sino más bien preventivo. La «búsqueda de la salud» de la que habla Petr Skrabanek, revisitada y aplicada antes de que esa salud se haya ido.

El verdadero éxito del capitalismo es conseguir imponer, como único horizonte posible, aquello que no es natural: subordinar la vida a la producción.[3]

Trazando la analogía con esta frase de Moruno, en nuestra sociedad actual hemos logrado, de forma creciente, subordinar la vida a la salud, dejarnos la vida en la consecución de un concepto de salud irreflexivo, inalcanzable y bastante parecido al burro que camina detrás de la zanahoria. Y esto ha ocurrido, sobre todo, sin aportarnos salud, entre otras cosas porque se ha hecho desde una óptica individual, sin dar las respuestas precisas a problemas que no eran de salud e importando las características de consumo compulsivo de la salud y falta de demarcación del problema que se observan en otros ámbitos de la sociedad de consumo.

Aludiendo a los conceptos de biopolítica y psicopolítica comentados en el capítulo «Ideología y control», tanto la medicalización como la saludificación son formas de ejercicio del poder; en la medicalización, este se ejerce de una manera más coercitiva, siendo la autoridad sanitaria la que define el marco del problema y la que representa la figura de poder, aunque este se derive realmente de la estructura social y política que lo enmarca; por otro lado, en la saludificación el poder es ejercido de forma reflexiva por uno mismo, siendo la persona, a la vez, víctima, verdugo y vigilante del ejercicio del poder, encuadrado en un sistema económico, político y social que no deja otra opción que la de convertirnos en salud, generando identidades atravesadas por el concepto de salud por completo. De pensar que el paciente es el combustible del sistema

---

[3] Moruno, J., *op. cit.*, Akal, 2018.

sanitario (situación planteada con la medicalización) pasamos a que la persona sea el combustible de un sistema en el que la salud ha de ser buscada en todo momento (más allá del concepto de enfermedad) para estar listos para el desempeño en sociedad (en el ámbito laboral, reproductivo, de cuidados…).

La medicina personalizada: cuando toda enfermedad es una enfermedad rara

Mil y una veces habrá escuchado el chiste que dice: «"Tiene usted el síndrome de Antúnez". "Anda, ¿y en qué consiste ese síndrome?". "Siéntese y le explico, señor Antúnez"». Lo que nadie nos dijo es que ese chiste se iba a convertir en la definición de la medicina del siglo XXI. El número de subtipos en las clasificaciones de múltiples cánceres ha aumentado notablemente al introducirse criterios moleculares en las taxonomías,[4] y las empresas que trabajan en el ámbito de la medicina personalizada y de precisión aspiran a que esa tendencia aumente.

Esto, la subdivisión *ad infinitum* y la partición de la clasificación de las enfermedades hasta su mínima expresión representada en el individuo-paciente, es el resultado de la unión de tres dinámicas paralelas que operan a diferentes niveles: por un lado, la conversión del «yo» en «lo raro» es un *spin-off* de la individualización del cliente, del «siéntete única e irrepetible por un día» y el «le trataremos a usted como si fuera nuestro único cliente»; por otro lado, la creación de un nuevo nicho de negocio consistente en convertir una buena práctica clínica, la individualización del

---

[4] En un artículo de N. Eliyatkın, E. Yalçın, B. Zengel, S. Aktaş y E. Vardar («Molecular classification of breast carcinoma: from traditional, old-fashioned way to a new age, and a new way», *Journal of Breast Health* 11, 2015, pp. 59-66), se puede observar cómo se asumen las aportaciones en salud de las innovaciones tecnológicas de forma bastante poco crítica, planteando un presente de coexistencia de lo que llaman las técnicas «pasadas de moda» y la «nueva era, una nueva forma», y un futuro de predominio de esto último. Es un ejemplo de cómo el marco discursivo en este ámbito está más ligado, en muchos casos, a una cuestión de moda y de introducción de innovaciones basadas en el valor de todo lo que es nuevo (por el hecho de serlo) más que a la revisión crítica de la evidencia disponible.

abordaje terapéutico, en una actividad facturable, la medicina personalizada y de precisión; por último, la fe en que la medicina postgenómica no maneja constructos complejos de información, sino que es capaz de descomponer la información hasta su mínima expresión, personificando la enfermedad en un individuo y a este en sus genes, olvidando que la clasificación de las enfermedades en grupos más o menos amplios no solamente permite albergar dentro de una categoría diferentes variaciones del mismo suceso, sino que, casi accidentalmente, permite además albergar la representación de una misma enfermedad en personas cuyo contexto social es diferente y que puede ser (y es) determinante en la forma de manifestar la enfermedad y responder ante el manejo de la misma.

Por otro lado, mientras que en el ámbito del diagnóstico y la clasificación de enfermedades la tendencia es a la atomización de dichas clasificaciones, en el ámbito de la prevención las nuevas tendencias son a cambiar por completo el sujeto protagonista de las medidas preventivas. Mientras que la medicina preventiva basada en el diagnóstico precoz de enfermedades (parte de la llamada prevención secundaria) trata de aumentar el número de personas denominadas «supervivientes al cáncer», las actuales corrientes de medicina postgenómica introducen un nuevo concepto que viene a sustituir al de superviviente: el «previviente»; estas personas serían aquellas que con la certeza de ir a tener una enfermedad grave, la evitarían mediante alguna acción preterapéutica (preventiva). El concepto clave en todo esto es el de la certeza; ya no hablamos de las probabilidades que habitualmente se manejan en medicina y que difícilmente pueden acudir a diagnósticos de certeza más que *a posteriori*; en este caso la aparición de los previvientes irrumpe en el panorama de la medicina para patear el tablero de creación del conocimiento y salir corriendo hacia delante sin que nos dé tiempo a pensar sobre si lo que plantean tiene una base empírica en la que descansar, un marco teórico sobre el que discutir y unas justificaciones éticas que avalen las acciones terapéutico-preventivas apriorísticas.

Recientemente, se publicó un artículo en prensa que contaba la historia de una mujer con múltiples casos de cáncer de mama en su familia;[5] le hicieron un test genético que detectó unas mutaciones que le otorgaban una altísima probabilidad de tener cáncer, motivo por el cual decidió seguir el consejo de sus médicos y pasar por quirófano para que le extirparan ambos pechos. Unos años después le repitieron el test y le comunicaron que la prueba inicial, la que desencadenó las intervenciones quirúrgicas y le otorgó la condición de previviente, había sido un falso positivo y en realidad no tenía dicha mutación. Más allá del caso en sí, tan interesante como truculento, es interesante leer cómo muestra la generación de una identidad de enfermedad en torno a una certeza que resultó ser falsa:

> Me sentía en conflicto: había vivido mi vida como una previviente, había llevado esa identidad como una insignia de honor. Toda mi vida me sentí muy orgullosa de contar esta historia, de ser parte de este estudio, de marcar una diferencia. ¿Y ahora qué? ¿Quién era yo?

Las fronteras de la medicalización siempre son borrosas, pero mientras que los avances durante décadas se centraron en enmarcar bajo la etiqueta de «lo médico» aspectos rutinarios de la vida cotidiana, estas nuevas formas de detección muy (¿demasiado?) precoz plantean un nuevo marco epistémico que cambia no solo el sujeto de medicalización, sino, sobre todo, nuestra capacidad para rebatir afirmaciones diagnósticas dadas en forma de certeza.

¿Cómo entender que, cuando el sistema enferma, las personas sanan?

Si bien decimos que el paciente es el combustible del sistema sanitario y que todo en este sistema gira en torno a la extracción de valor del paciente por parte del sistema (y no al revés), a nivel social existen datos para pensar que el modelo económico actual

---

[5] Boesen, M., «I got a double mastectomy after a genetic test. Then I learned the results were wrong», *Huffington Post*, 21 de febrero de 2019, .

consiste en un proceso de extracción de valor (de salud) del individuo por parte del sistema, y no al contrario.

Cuando la economía se ralentiza, la salud mejora, al menos al principio, en el corto plazo. Es contraintuitivo, pero parece bastante cierto que, cuando una economía inicia un periodo de recesión económica, la gente se muere menos, básicamente porque la actividad económica en la sociedad capitalista genera, en muchas ocasiones, enfermedad (genera accidentabilidad, contaminación, consumo...).

Esta relación entre crisis económica capitalista y disminución de la mortalidad se documentó por primera vez en 1922 por Dorothy Thomas,[6] que afirmó que la mortalidad era procíclica (es decir, aumentaba con el crecimiento de la economía y disminuía con la contracción de la misma). En los años setenta se publicaron artículos contradictorios a este respecto, y en 2005 José Tapia Granados publicaba que «las expansiones económicas están asociadas con incrementos de la mortalidad cardiovascular», trazando la cadena causal entre el crecimiento económico y la mortalidad en lo deletéreo de la actividad industrial y económica (aumento de accidentes de tráfico y de trabajo), la disminución de los niveles de inmunidad (por el incremento del estrés y la reducción del tiempo para el descanso y la interacción social) y el incremento del consumo de sustancias no saludables (tabaco, grasas saturadas y alcohol).[7]

Una de las posibles explicaciones de este fenómeno es el propio funcionamiento de la economía capitalista, basada en hacer correr una y otra vez el ciclo de transformación según el cual el dinero se convierte en un bien de consumo que posteriormente se intercambia por dinero que volverá a servir para reiniciar el ciclo. Esto resulta en la producción de mercancías; mercancías, muchas de estas, tales como el tabaco, el alcohol o las grasas saturadas. Esto no quiere decir que el crecimiento tenga que ser, por sí mismo, productor de generadores de mala salud y de situaciones

---

[6] Ogburn, W. F. y D. S. Thomas, «The influence of the business cycle on certain social conditions», *International Journal of Epidemiology* 44(5), 2015, pp. 1474-1483.

[7] Tapia Granados, J. A., «Increasing mortality during the expansions of the US economy, 1900-1996», *International Journal of Epidemiology* 34(6), 2005, pp. 1194-1202.

de mayor mortalidad (accidentabilidad, conductas de riesgo…), pero sí que el crecimiento económico estimula estos ciclos de transformación.

Más allá de esta correlación entre crecimiento económico y variaciones de la mortalidad, nada cerrada aunque exista un marco explicativo sólido para su interpretación,[8] lo que resulta relevante con relación a este capítulo es mostrar que los procesos de medicalización y consideración del paciente-individuo como combustible del sistema no son algo circunscrito al ámbito de lo sanitario, sino que tienen un correlato a nivel del sistema económico en su conjunto.

¿Es la mirada de «salud en todas las políticas» una versión colectiva de la medicalización individual?

Todo es salud. La tristeza, los problemas laborales, el tipo de alimentación, el lugar en el que vives, la densidad mineral ósea de tus huesos, el «cuánto y con quién follas», la estructura de clases de la sociedad, el carril bici, la analítica de empresa, las vacunas, las no vacunas, el niño inquieto, el padre inquieto…

A lo largo del libro (hacia delante y hacia atrás) se ha hablado de que la salud se ve condicionada por unos determinantes sociales y comerciales que influyen sobre ella de manera importante. En este capítulo, por otro lado, hemos comentado que a lo largo de las últimas décadas se han ido pasando, primero por el filtro médico y luego por el marco de la salud, diferentes tipos de condiciones en los procesos que hemos llamado medicalización y saludificación.

Sería iluso pensar que estos dos fenómenos (el de los determinantes sociales y el de la medicalización) no iban a cruzarse en ningún momento, la duda es si de ese cruce se derivaría una suerte de medicalización colectiva de los determinantes sociales o una comunitarización de la salud y una politización de la medicalización.

---

[8] Bacigalupe, A. y A. Escolar-Pujolar, «The impact of economic crises on social inequalities in health: what do we know so far?», *International Journal for Equity in Health* 13, 2014, p. 52.

Una visión y una estrategia que aúnan los determinantes sociales y la noción de la salud como algo transversal a las diferentes dimensiones de la sociedad son lo que se ha venido a denominar «salud en todas las políticas».[9] Se trata de un enfoque que considera la importancia y las repercusiones sobre la salud de todas las políticas que se desempeñen más allá del ámbito de lo puramente sanitario y de salud pública. La evaluación de impacto en salud de las políticas de urbanismo u obras públicas o el diseño de políticas fiscales especiales con medición del efecto de sus resultados sobre la salud son solo dos ejemplos de este tipo de abordaje.

Además de haber protagonizado la declaración de la VIII Conferencia Global de Promoción de la Salud de la OMS, con el nombre de Declaración de Helsinki,[10] la estrategia de salud en todas las políticas ha copado una parte importante de los discursos de salud pública en el ámbito de las políticas de salud, llegando a tener un impacto incluso legislativo en nuestro país, en varias legislaciones autonómicas y, sobre todo, en la Ley General de Salud Pública del año 2011, ampliando el rango de acción de las políticas de salud pública y sumando a los estudios de impacto medioambiental una herramienta adicional con la que ejercer de contrapeso a los típicos criterios economicistas empleados en las políticas del ámbito de la obra pública o la movilidad.

Sin embargo, el bajo peso de la salud pública cuando se habla de salud, la capacidad de lo-médico (escrito todo junto y pronunciado deprisa) para despolitizar cualquier concepto y el poder del complejo médico-industrial para expandir las miradas mercantilizadoras de la salud y extenderlas a otros dominios, hacen que haya que potenciar aún más los aspectos más comunitaristas y politizadores de las estrategias de salud en todas las políticas para que no se puedan convertir en la derivada medicalizadora de los determinantes sociales de salud. Los profesionales clínicos tienen

---

[9] Organización Panamericana de la Salud, «Salud en todas las políticas», https://www.paho.org/hq/index.php?option=com_topics&view=article&id=441&Itemid=72250&lang=es.

[10] Organización Mundial de la Salud, *The Helsinki statement on health in all policies*, 2013, https://www.who.int/healthpromotion/conferences/8gchp/8gchp_helsinki_statement.pdf.

(tenemos) poco o nada que decir sobre el efecto en la salud de soterrar una carretera de circunvalación o sobre las repercusiones de peatonalizar el centro de una ciudad, porque I) estas estrategias han de realizarse con miradas poblacionales, y esto es imposible hacerlo cuando se encumbran como líderes de opinión a subespecialistas acostumbrados a tratar rarezas individuales dentro de una consulta, y II) la mejor manera de potenciar la salud en todas las políticas es lograr que desde todos los ámbitos se pueda desarrollar un discurso salubrista profundo y solvente que, alejado de los lastres de la formación biomédica, se mezcle con mayor facilidad con todas aquellas disciplinas que versan de los sitios y conocimientos donde la salud se juega.

En conclusión, y respondiendo a la pregunta que abría este epígrafe, la «salud en todas las políticas» es una ventana abierta a poder desarrollar discursos de salud que se alejen del sanitarismo y que actúen donde realmente se consiguen los resultados en salud y donde se fraguan las enfermedades. Mirar a las políticas de empleo, vivienda, urbanismo o igualdad con ojos de salud, preguntándonos cómo nos afectan, debería ser tan habitual como igualmente debería serlo mirar a las medidas del ámbito de la salud bajo el prisma de sus efectos sobre otros ámbitos como el empleo o la igualdad de género.

07
INEQUIDAD

La diferencia en esperanza de vida entre los barrios más ricos y los más pobres de la ciudad de Madrid es de diez años.[1] Las mujeres con menor nivel educativo se realizan la citología para el diagnóstico precoz del cáncer de cérvix con menor frecuencia. Las personas de clase social más alta acuden con más frecuencia al uso de terapias pseudocientíficas. Los hombres tienen más accidentes de trabajo que las mujeres. La esperanza de vida de los hombres es varios años inferior a la de las mujeres. La calidad de vida de las mujeres es inferior a la de los hombres durante toda su vida. En muchas ciudades los comercios que venden alimentos saludables son más numerosos en los barrios de rentas medias-altas y también en ellos hay más zonas verdes. Las personas de renta alta hacen un mayor uso del sistema sanitario, en términos generales, incluyendo actividades de bajo valor añadido. Los jóvenes consumen bebidas azucaradas y comida rápida a diario de forma más frecuente que las personas mayores.

Todo esto son aspectos que se distribuyen de forma diferente según la clase social, el nivel educativo, el lugar de residencia, el género o la edad. Sin embargo, esta diferencia no tiene por qué llevar aparejada una injusticia.

Al hablar de desigualdades e inequidades en salud, es preciso ser conscientes de que las primeras (desigualdades) tienen un componente de reproducción sistemática (se observan de forma

---

[1] Gil, I., «Dime en qué barrio de Madrid resides y te diré si vivirás 10 años más o menos», *El Confidencial*, 5 de marzo de 2019, https://www.elconfidencial.com/espana/madrid/2019-03-05/barrios-madrid-esperanza-vida-renta-brecha-norte-sur_1852006/.

repetida), evitabilidad (podemos revertirlas) y falta de necesidad (no son diferencias que sirvan a un bien concreto —más allá de la perpetuación del sistema económico, político, social…—). Sin embargo, al añadir la variable de la injusticia de estas desigualdades, ya estaremos hablando de inequidades.[2] Al hablar de inequidades, dotamos a las desigualdades de una dimensión política y moral que hace que el marco para su reducción, eliminación y reversión no pueda ser uno asépticamente objetivista y que deba llevar aparejada la definición del marco desde el cual se están enunciando los problemas y las posibles soluciones.

La utilización de los términos *diferencia*, *desigualdad* e *inequidad* no se ha llevado a cabo nunca de una forma equidistante. La preferencia del ámbito académico por el término *diferencia* (*disparity*, en inglés) como forma de eliminar el componente valorativo y de causalidad sociopolítica de las desigualdades y las inequidades ha hecho que su utilización, a día de hoy, sea preeminente en muchas revistas en el ámbito de la salud y las ciencias sociales. Asimismo, el término *inequidad* ha quedado desplazado a un análisis cuasi activista del asunto, aunque en este libro se utilizan los términos *desigualdad* e *inequidad* casi como intercambiables, como forma de favorecer la recuperación de relevancia de este último sin confinarlo a la esquina del pulcro análisis de la justicia al que parece haberse relegado. Hablar de desigualdad y de inequidad es hablar de posicionamientos políticos y análisis de la realidad que no se pueden realizar desde la equidistancia y la indiferencia de quien los enuncia como meras diferencias.[3]

---

[2] Whitehead, M., «The concepts and principles of equity and health», *International Journal of Health Services* 22(3), 1992, pp. 429-445.

[3] Padilla, J. (2017), «Justicia y salud pública: entre gestionar lo escaso y conquistar lo (im)posible», en V. López Ruiz y J. Padilla Bernáldez (coords.), *op. cit.*, Atrapasueños, 2017.

La desigualdad como enfermedad social

Debemos afrontar el hecho de que la preservación de la libertad individual es incompatible con la plena satisfacción de nuestras ansias de justicia distributiva.

Friedrich A. von Hayek

La desigualdad es una causa directa de enfermedad.[4] Dicho de otra forma, en los países con mayores desigualdades el estado de salud de su población es peor que en los países más cohesionados.[5] Esto, que como lema puede estar más o menos interiorizado en la cabeza de muchas personas, puede chirriar si nos hacemos la pregunta de: ¿por qué mi salud va a depender de cómo se relaciona la renta de mi vecino con la mía y no solamente de mi capacidad de explotar mis atributos individuales (educación, renta, capital social…) para mejorar mi salud?

La respuesta más inmediata a esta pregunta es sencilla: no somos islas, vivimos en una sociedad y los factores relacionados con nuestro estado de salud son resultado de la interacción (y comparación) entre todos los miembros de la sociedad, así como de la aplicación de políticas sociales y económicas generalmente influidas por unas élites que poco suelen tener que ver con el conjunto de la población, máxime en sociedades muy desiguales. Por otro lado, como explica Michael Marmot en su libro *The status syndrome*,[6] existe toda una cadena causal que va desde la relación de desigualdad hasta la aparición de la enfermedad directamente influida por el estrés que se genera no por la situación absoluta de privación, sino por la relativa de comparación de estatus. No (solo) nos mata ser pobres, también nos mata ser desiguales.

---

[4] Benzeval, M. *et al.*, *How does money influence health?*, Joseph Rowntree Foundation, 2014.
[5] Wilkinson, R. G., *Unhealthy societies. The afflictions of inequality*, Routledge, 1996.
[6] Marmot, M., *The status syndrome. How social standing affects our health and longevity*, St Martin's Press, 2000.

En el libro *Igualdad*,[7] de Richard Wilkinson y Kate Pickett, lo enuncian de la siguiente manera:

> Quienes viven en sociedades en las que existen mayores diferencias de ingresos entre ricos y pobres sufren una variedad de problemas sociosanitarios más amplia que quienes viven en sociedades más igualitarias [...], muchos de estos problemas son resultado del aumento del estrés social.[...] El paso de la prueba de relación a la prueba de causalidad es determinante. [...] Las pruebas de varios cientos de investigaciones indican que la relación entre mayores diferencias de ingresos y el empeoramiento de un amplio conjunto de problemas de salud y sociales es indiscutiblemente causal.

La influencia de la desigualdad sobre la salud se conoce desde hace años; desde la publicación en 1980 del llamado *Black Report*[8] en el Reino Unido hasta la actualidad son incontables las fuentes que apuntan aquello que se podría resumir en cuatro puntos:

→ Las desigualdades sociales tienen impacto sobre la salud de la población y, generalmente, actúan siguiendo lo que se denomina un «gradiente social», de modo que no solo se observan diferencias entre los extremos de la escala, sino que las diferencias se van manifestando según se van subiendo peldaños de la misma.
→ Los aspectos que se manifiestan en forma de desigualdades y que impactan sobre la salud no son solo aquellos más fácilmente vinculables con las condiciones materiales de vida (renta, nivel educativo, desempleo…), sino también otros, como disponer de sólidas redes sociales y de apoyo, la inseguridad laboral o la falta de tensiones financieras (más allá de la renta bruta).
→ Es importante analizar el papel que desempeña la interseccionalidad en el sufrimiento de las desigualdades sociales sobre la salud, especialmente sobre el acceso al sistema sanitario y

---
[7] Pickett, K. y R. Wilkinson, *Igualdad*, Capitán Swing Libros, 2019.
[8] Black, G., *Inequalities in health. The Black Report*, Penguin Books, 1982.

otros servicios de protección social que no suelen contemplar la existencia entrecruzada de diferentes ejes de desigualdad a la hora de adaptar el acceso y desempeño de sus servicios.

→ El papel de las políticas públicas de cara a amortiguar el impacto de las crisis económicas es fundamental, de modo que las iniciativas de expansión económica en épocas de crisis y los intentos de generar mayor cohesión social tienen como respuesta una amortiguación del deletéreo papel que pudieran tener las crisis prolongadas sobre la salud.

Sin embargo, no vamos a detenernos en hacer un repaso exhaustivo de los efectos de la desigualdad sobre la salud, sino que a continuación vamos a tratar de esbozar por qué las desigualdades sociales suponen una amenaza de cara al futuro para la salud de la población y para los sistemas públicos de salud.

Una forma de empezar a tener en cuenta el efecto patógeno de la enfermedad puede ser asumir e integrar aquello que titulaba recientemente el *British Medical Journal*: «El nivel socioeconómico debería ser visto del mismo modo que el tabaquismo al abordar el riesgo de morir, dicen los expertos».[9] Más allá de que lo digan o no los expertos, la realidad es que, mientras los sistemas públicos de salud desarrollan complejas estrategias para abordar el tabaquismo, la obesidad o el sedentarismo, son pocas las iniciativas para, desde la humildad de saber que el motor de cambio no es sanitario, integrar el nivel socioeconómico en la práctica diaria y convertir la disminución de los efectos sobre la salud de dicho nivel socioeconómico en un eje fundamental de los servicios sanitarios.

---

[9] Iacobucci, G., «Socioeconomic status should be seen alongside smoking as mortality risk, say experts», *BMJ* 364, 2019, l1450.

De los determinantes sociales a los determinantes comerciales de la salud: cuando Thatcher se encontró con Coca-Cola

En Glasgow hay 24 años de diferencia en esperanza de vida entre barrios que distan 12 kilómetros entre sí. En Baltimore la diferencia son 20,2 años, pero la distancia es de tan solo 5,1 kilómetros. En Madrid la línea C-4 de Cercanías dibuja un gradiente de mortalidad que se relaciona con la riqueza de los barrios y municipios que va atravesando. En Cataluña las personas más ricas viven 12 años más que las personas más pobres. En todos lados la desigualdad atraviesa los cuerpos de las personas y los lugares donde viven, haciendo que la igualdad de resultados e incluso de oportunidades no sea más que un anhelo imposible en torno al cual perfilar discursos difíciles de materializar.

Desde hace décadas, la explicación de estas desigualdades se ha articulado en torno al denominado modelo de determinantes sociales de salud, según el cual existen unos determinantes estructurales, tales como el sistema económico, el mercado de trabajo o las políticas de bienestar, que, condicionados por las relaciones de poder existentes en la sociedad y por el lugar que cada uno ocupa en diferentes variables (clase social, género, edad, grupo étnico, localización geográfica), impactarán sobre los determinantes intermedios (condiciones laborales, ingresos, recursos habitacionales, trabajo doméstico y de cuidados, medio físico residencial) y conjuntamente con los factores de índole individual y la acción del sistema sanitario para determinar el estado de salud de las personas y las comunidades.

La capacidad explicativa de este modelo es amplia, pero probablemente no da la suficiente importancia a unos factores con una capacidad creciente para influir sobre la salud de la población: los determinantes comerciales de salud.

Recogiendo las palabras de Zunzunegui en el blog de *Gaceta Sanitaria*:

> Las empresas transnacionales determinan poderosamente la salud de la población, a través de su influencia en los modos de

vida, la configuración de los espacios donde vivimos, la calidad del aire que respiramos, la contaminación del lugar donde residimos, la oferta de equipamiento médico y fármacos a través del sistema nacional de salud, las transacciones financieras entre ciudadanos y bancos y las condiciones de trabajo que ofrecen a la ciudadanía en edad de trabajar.[10]

No era suficiente con entender que las dinámicas de estratificación social de la educación o las de estratificación horizontal y vertical del empleo por género tienen un fuerte impacto en la cadena causal de las enfermedades y de las desigualdades en salud, sino que también es necesario ver cómo una parte importante de las condiciones materiales de vida y, posteriormente, de los hábitos (tanto positivos como negativos) que influyen en el estado de salud tienen que explicarse en función de las dinámicas de comercio y consumo.

La acumulación de poder y la extracción de riqueza por parte de las grandes empresas las dotan de capacidad para actuar a varios niveles: por un lado, generando «conocimiento patrocinado» que facilita su labor de *marketing* y de marcar agenda por delante de otros organismos más independientes; por otro lado, tratando de capturar al regulador e influyendo en los poderes legislativo, ejecutivo e, incluso, judicial.

Podríamos decir que el modelo de determinantes sociales de salud responde a la necesidad de crear un marco desde el cual explicar la influencia del desempleo, la pobreza o el género en la salud, de modo que se puedan elaborar propuestas contra las políticas que ahondan en dicha problemática. Por otro lado, los determinantes comerciales de salud crean el marco teórico que nos ayuda a dar respuesta a la influencia de las macrocorporaciones empresariales en nuestra salud, no solo por medio de su acción de producción (precarización, deslocalización, captura de

---

[10] Zunzunegui, M. V., «Determinantes comerciales de la salud: desequilibrios de poder que cuestan caros», blog del Comité Editorial, *Gaceta Sanitaria*, 18 de enero de 2019, http://bloggaceta.elsevier.es/blog-del-comite-editorial/determinantes-comerciales-de-la-salud-desequilibrios-de-poder-que-cuestan-caros/.

lo público...), sino también por medio de su acción de comercialización. Mientras que en la época del *Black Report* la personificación de dichas políticas era Margaret Thatcher, en la época actual bien podríamos ejemplificarlas en Amazon o Coca-Cola; ambos modelos están vigentes, pero no se explica la totalidad del sistema desde la reducción a una de las dos ópticas.

En palabras de Ilona Kickbusch, «el aumento de las enfermedades no transmisibles es la manifestación de un sistema económico global que, en la actualidad, prioriza la creación de riqueza sobre la creación de salud».[11] Este aparente *trade-off* o compromiso entre riqueza y salud toma especial relevancia si incluimos la variable medioambiental en la ecuación; con ella parece claro que la explotación ilimitada de los recursos naturales como forma de alimentar el crecimiento infinito nos enfrenta a una situación donde la elección entre aumento de la riqueza y mejora de la salud *(wealth-health)* es inevitable.

A este marco que plantean y delimitan los determinantes sociales y comerciales de salud cabe atravesarlo por lo que en ocasiones se han venido a denominar «determinantes legales de salud», pero que tal vez sería mejor considerar como herramientas para la mejora de los determinantes sociales y comerciales. Como expone un artículo publicado recientemente en *Lancet*:

> A pesar de que la ley ha sido central en los grandes logros en salud pública en el pasado, su capacidad para avanzar hacia una salud global con justicia ha sido sustancialmente infrautilizada, especialmente entre los profesionales de los campos de la salud y la ciencia.[12]

Se tratará en el siguiente capítulo de este libro al abordar el denominado «derecho a la salud», pero mientras que la influencia del comercio o las migraciones trasciende claramente las delimitaciones

---

[11] Kickbush, I. y C. Franz, «The commercial determinants of health», *Lancet Global Health* 4(12), 2016, pp. E895-E896.
[12] Gostin, L. O. *et al.*, «The legal determinants of health: harnessing the power of law for global health and sustainable development», *Lancet* 393(10183), 2019, pp. 1857-1910.

fronterizas, parece que el derecho como herramienta de modulación de los efectos de esos determinantes de salud no ha tenido la capacidad para diseminarse más allá de las barreras que marcan las fronteras de los países. Incluso en comunidades políticas como la Unión Europea los aspectos más fundamentales del derecho a la salud continúan sin garantizar unos mínimos vinculantes y ambiciosos a cualquier ciudadano de la Unión Europea, así como sin homogeneizar (aunque, tal vez desde una perspectiva de derechos humanos, no sea el momento de pedir esto) la asistencia a los migrantes que llegan a Europa procedentes de otros lugares.

La consulta también deja entrar la desigualdad

Generalmente, cuando se habla de las desigualdades en salud, se hace como si fueran algo circunscrito a los efectos diferenciales del desempleo, la precariedad, el género, la renta, la procedencia geográfica... sobre los cuerpos y las vidas, produciendo una frecuencia diferente en la aparición de enfermedad y en el morir.

En ocasiones también se abre la puerta a analizar el papel de la estructura sanitaria como posible amplificador de las desigualdades, poniendo barreras al acceso a quien más lo necesita o generando dinámicas de funcionamiento difícilmente asumibles por personas que apenas tienen dinero para pagar el alquiler de la casa o que viven con una situación de sobrecarga de cuidados casi inasumible.

Sin embargo, para entender cómo la desigualdad nos atraviesa culturalmente, es necesario pensar en lo que ocurre dentro de las consultas de los servicios sanitarios. ¿Por qué exploramos menos a los pacientes de renta baja? ¿Por qué damos menos explicaciones a las personas de menor nivel educativo? ¿Por qué prescribimos ansiolíticos a las mujeres de forma más frecuente ante los mismos síntomas que un hombre? ¿Por qué ante igual nivel de gravedad damos prioridad a las personas de mayor nivel educativo en las derivaciones a atención especializada?

La literatura publicada dice que tendemos a psiquiatrizar los padecimientos de las mujeres sea cual sea su causa, que seguimos considerando la orientación sexual o la identidad sexual un problema de salud en vez de una característica de la persona, que con las personas de clase social más baja tenemos un estilo de entrevista más dirigido,[13] compartiendo menos decisiones con ellas, explicando menos y enmarcando la relación en un paradigma más biomédico. En resumen, la literatura publicada dice que las consultas son, en términos generales, un ámbito de reproducción de las mismas desigualdades que a nivel social se producen al repartir de forma inequitativa la incidencia de infarto de miocardio o de accidentes de trabajo.

Por otro lado, y esto, aunque parezca una buena noticia, en realidad tiene dos caras, en nuestro medio existe algún estudio en el que se ha visto que, a nivel de atención primaria, la atención a pacientes con diabetes era más intensiva en aquellos de bajo nivel socioeconómico que en los de alto nivel.[14] La parte positiva es que esto podría hacer pensar que la atención primaria en términos globales se esfuerza en contrapesar los efectos de la desigualdad en salud poniendo el foco en las personas de bajo nivel socioeconómico; la parte negativa es que, a pesar de ello, no se observaron cambios en la existencia de desigualdades en salud en relación con la diabetes, es decir, que la acción adecuada del sistema sanitario no tuvo, en el estudio realizado, capacidad de impacto suficiente para revertir o amortiguar las desigualdades presanitariamente existentes.

¿Por qué ocurre esto? La respuesta corta podría ser que tendemos a tratar de forma más adecuada a las personas que más se parecen a nosotros o, al menos, a lo que consideramos más normativo. Es decir, nuestro paciente ideal sería un espejo.[15] La respuesta

---

[13] Verlinde, E., N. de Laender, S. de Maesschalck, M. Deveugele y S. Willems, «The social gradient in doctor-patient communication», *International Journal for Equity in Health* 11(1), 2012, p. 12.

[14] La presentación de dicho trabajo en el Congreso Mundial de Sociología, a cargo de Amaia Bacigalupe y Santiago Esnaola, está disponible en internet: https://es.slideshare.net/opikit/type-2-diabetes-health-equity-audit-in-the-basque-public-healthcare-service.

[15] Sorkin, D. H., Q. Ngo-Metzger e I. de Alba, «Racial/ethnic discrimination in health care: impact on perceived quality of care», *Journal of General Internal Medicine* 25(5), 2010, pp. 390-396.

larga es más compleja y debería interpelar de forma muy directa a toda persona que se dedique a la asistencia sanitaria y que quiera revisar de qué manera su práctica diaria reproduce, perpetúa y amplifica ejes de desigualdad que se dan dentro de la consulta. Uno de los aspectos que podrían ayudar a entender esto es que cuanto más desigual es una sociedad, mayor es la probabilidad de que los miembros de esa sociedad legitimen esa desigualdad utilizando para ello la justificación de la meritocracia.

Es decir, en sociedades desiguales, dicha desigualdad se legitima en base a la creencia (o a la fe) de que es una desigualdad producida por el mérito y el esfuerzo diferencial de las personas para colocarse en cada uno de los peldaños de la escalera de la desigualdad, mostrando una confianza ciega en el funcionamiento del ascensor social.[16] Este aspecto se reproduce también a nivel individual, de modo que las personas con éxito profesional tienen mayor tendencia a pensar que esto es fruto de su esfuerzo y mérito, mientras que las personas de menor éxito profesional tienden a pensar que para lograr dicho éxito la influencia de las redes de contactos y la renta familiar tiene mayor importancia.

¿Y qué tiene esto que ver con la salud y con reproducir desigualdades dentro de las consultas? Tiene todo que ver. Más adelante hablaremos del papel de la responsabilidad individual en la salud y la enfermedad; lo que parece claro es que, a día de hoy, la demografía de los profesionales sanitarios (especialmente los médicos) en la mayoría de los países sigue teniendo cierto sesgo pro clase alta y progremial (familiares médicos es la tradición más clara en el ámbito sanitario); de acuerdo con lo comentado previamente, esto puede hacer que se conforme una visión de la vida según la cual se sobreestime la importancia de la responsabilidad y agencia individual en detrimento del papel de los determinantes sociales de salud y el papel de las capacidades para tomar decisiones sobre los temas que afectan a la salud.

---

[16] Mijs, J. J. B., «The paradox of inequality: income inequality and belief in meritocracy go hand in hand», *Socio-Economic Review*, 2019, mwy051.

De la inequidad a la injusticia

La justicia no es un concepto sobre el que leemos en un libro. La justicia es sobre el agua que bebemos. La justicia es sobre el aire que respiramos. La justicia es sobre lo fácil que resulta votar. La justicia es sobre cuánto cobran las mujeres. La justicia es sobre si podemos quedarnos durante un tiempo con nuestros niños después de tenerlos —madres, padres, ambos progenitores—. La justicia es sobre estar seguro de que ser educado no es estar callado.

ALEXANDRIA OCASIO-CORTEZ,
Women's March, enero de 2019

La desigualdad es un problema de justicia social,[17] un fenómeno que reproduce los ejes de asimetría de poder, que perpetúa fenómenos de opresión y utiliza a las personas oprimidas como combustible del sistema. Además, la desigualdad pone en riesgo todas las estructuras que los Estados pueden tratar de poner en pie para que la cohesión social no se rompa y para que la desigualdad se amortigüe; una de estas estructuras son los servicios públicos de salud.

Por sus características internas de funcionamiento, su necesidad de generar economías de escala, sus complejos mecanismos de innovación, su financiación basada en el principio de solidaridad fiscal..., por todas estas cosas, los servicios públicos de salud se ven claramente agredidos por todo aquello que vulnere la universalidad de su cobertura. La desigualdad desempeña un papel importante en el «asalto a la universalidad»,[18] favoreciendo que los sistemas de protección social tomen una de las siguientes dos derivas: I) priorización de grupos en riesgo de exclusión, generando la sensación para las personas de rentas altas de que el sistema no les devuelve beneficios de acuerdo a sus aportaciones

---

[17] Venkatapuram, S., *Health justice. An argument from the capabilities approach*, Polity, 2011.
[18] Este término hace referencia a un artículo de McKee y Stuckler: «The assault on universalism: how to destroy the welfare state», *BMJ* 343, 2011, d7973.

y que, por ello, no tienen incentivos para seguir participando de la caja común, rompiéndose de este modo la universalidad «por arriba», II) reproduciendo la «ley de cuidados inversos»[19] y prestando más asistencia sanitaria a las clases altas —con menores necesidades en salud, generalmente— y favoreciendo el aumento de las desigualdades en salud.

Por todo esto, la desigualdad injusta, la inequidad, es un problema a la hora de pensar los sistemas de salud del futuro, porque las sociedades desiguales son lo contrario a las sociedades promotoras de salud que necesitamos.

---

[19] Hart, J. T., «The inverse care law», *Lancet* 297(7696), 1971, pp. 405-412.

08
LUCRO

Hay algunas cosas que el dinero no puede comprar, pero en nuestros días no son muchas. Hoy casi todo se pone en venta.

MICHAEL J. SANDEL[1]

Querer sacar beneficio económico de mejorar la salud de la gente más allá de la remuneración justa del trabajo propio podría parecer, bajo determinados marcos de análisis, algo inaceptable; sin embargo, el veto al ánimo de lucro en la sanidad pública es algo visto como profundamente sectario y dogmático por parte de muchos defensores del libre mercado, la libre competencia y diversas libertades que no suelen incluir la del tránsito de personas.

Desde la aparición de los servicios públicos de salud, salvo aquellos tendentes a modelos de libre mercado (con sus mil regulaciones, pero con esa tendencia, como Estados Unidos o Singapur —este último, con un sistema liberal, de puertas afuera, pero bastante autoritario en la regulación de la obligatoriedad de la aportación, de puertas adentro—), muchos países han tendido a considerar que era preferible separar la prestación de servicios de salud (quién me atiende cuando voy al centro de salud u hospital) y el ánimo de lucro. De este modo, fundaciones y órdenes religiosas han sido vistas como una forma *light* de privatización de la asistencia sanitaria en lo que a penetración de la iniciativa privada se refiere.

¿Por qué esta aversión al ánimo de lucro? ¿Por qué esa tendencia a evitar que se extraigan beneficios económicos de la prestación

---
[1] Sandel, M. J., *Lo que el dinero no puede comprar: los límites morales del mercado*, Debate, 2013.

de asistencia sanitaria? ¿A qué se debe que esta exención del lucro solamente se aplique a la prestación de servicios, pero se manifieste de forma evidente y voraz en la investigación, desarrollo y comercialización de medicamentos o de otras tecnologías del sector salud?

Los estudios acerca de la influencia del lucro en la salud de la población o la calidad de la asistencia no abundan; sin embargo, sí que muestran algunas líneas en las que pensar estos temas. Probablemente, Canadá sea el lugar donde más estudios hay comparando la calidad de la asistencia sanitaria prestada por instituciones con ánimo de lucro y sin ánimo de lucro; de forma reiterada se ha observado que en aquellas instituciones en las que el lucro estaba presente los reingresos[2] y la mortalidad eran más elevados,[3,4] además, en los centros de larga estancia, las instituciones libres de ánimo de lucro tenían mayor número de personas trabajando y con una mayor formación,[5] así como lograban que sus pacientes desarrollaran úlceras por presión de forma menos frecuente.

Uno de los aspectos también estudiados en centros de larga estancia en Estados Unidos vinculaba la mejor calidad prestada en centros sin ánimo de lucro con su mayor relación con centros hospitalarios y, por ende, mejor y más fácil coordinación.[6] Esto, aunque diferente en nuestro entorno, puede tener gran relevancia para el mismo, dado que pone el énfasis en la calidad añadida que suponen el control y la capacidad de coordinación para los centros sanitarios y sociosanitarios.

---

[2] Dalrymple, L. S. *et al.*, «Comparison of hospitalization rates among for-profit and nonprofit dialysis facilities», *Clinical Journal of American Society of Nephrology* 9(1), 2014, pp. 73-81.

[3] Tanuseputro, P. *et al.*, «Hospitalization and mortality rates in long-term care facilities. Does for-profit status matter?», *Journal of the American Medical Directors Association* 16(10), 2015, pp. 874-883.

[4] Devereaux, P. J. *et al.*, «Comparison of mortality between private for-profit and private not-for-profit hemodialysis centers. A systematic review and meta-analysis», *JAMA* 288, 2002, pp. 2449-2457.

[5] Comondore, V. R. *et al.*, «Quality of care in for-profit and not-for-profit nursing homes. Systematic review and meta-analysis», *BMJ* 339, 2009, b2732.

[6] McGregor, M. *et al.*, «Care outcomes in long-term care facilities in British Columbia, Canada. Does ownership matter?», *Medical Care* 44(10), 2006, pp. 929-935.

Resumiendo, parece que, de acuerdo con la literatura publicada, podemos concluir que el mantra de que el lucro tiene capacidad para incentivar a que las empresas privadas gestionen con superioridad lo público no es cierto, y existe evidencia débil pero abundante, coherente y reiterada de que, cuando vayamos a hablar de público frente a privado, lo primero que tendríamos que hacer es dejar el ánimo de lucro a un lado y, a partir de ahí, las comparaciones que estableciéramos entre diferentes modalidades sin ánimo de lucro (donde entran desde fundaciones con funcionamiento y lógicas parecidas a las de la empresa privada con ánimo de lucro hasta cooperativas de economía social y solidaria, por ejemplo) se moverían en una dimensión diferente a la establecida cuando el lucro entra en juego.

Uno de los asuntos clave a la hora de hablar del lucro en el ámbito de la salud y, concretamente, en el de la sanidad, se describe bien en el siguiente fragmento de Michael J. Sandel:

> Los mercados reflejan y fomentan ciertas formas consideradas normales de valorar los bienes que se intercambian. Cuando se decide mercantilizar un bien, es necesario tener presente algo más que la eficiencia y la justicia distributiva. También es preciso preguntarse si las normas del mercado están desplazando normas no mercantiles y, en caso de que así sea, si ello implica olvidarse de las que se merecen ser protegidas.[7]

Introducir mecanismos mercantiles de funcionamiento hace que el marco dentro del cual nos movemos en el funcionamiento de la sanidad y los valores e incentivos en los que se basa cambien. Lo que dice Sandel en este párrafo no solo debería aplicarse a la hora de pensar si un sistema sanitario debe abrir las puertas a la iniciativa privada con ánimo de lucro, mercantilizando dicha asistencia, sino que también debería tenerse en cuenta cuando se incorporan dinámicas de mercantilización en la gestión cotidiana de lo público aunque se haga desde la prestación pública. Incorporar lógicas mercantiles en servicios que funcionan por medio de otras dinámicas y valores (solidaridad en la financiación, por

---

[7] Sandel, M. J., *op. cit.*, Debate, 2013.

ejemplo, como valor no mercantil diferencial de la sanidad financiada por impuestos) puede pervertir el funcionamiento de dichos servicios y deteriorar la calidad de los mismos.

El ánimo de lucro y el mundo del medicamento

Una de las grandes amenazas para la sostenibilidad futura del sistema sanitario es la escalada del precio de los medicamentos y la desvinculación entre dicho precio y los costes de producción o el valor añadido. Mientras escribo este libro, la Administración de Alimentos y Medicamentos (el ente regulador de medicamentos en Estados Unidos) ha dado luz verde a la comercialización del medicamento más caro del mundo, a manos de la empresa farmacéutica Novartis; se trata de un medicamento contra la atrofia muscular espinal infantil y el precio de su tratamiento asciende a 1,9 millones de euros. Esto es solo un paso más en la escalada de precios que ha protagonizado la última década. Según un informe publicado en 2018 por la OMS,[8] los precios de los medicamentos contra el cáncer han subido muy por encima de los incrementos de valor que han aportado, además de que, con el modelo de fijación de precios que existe en la actualidad, las empresas que los desarrollan y comercializan obtendrían beneficios que recuperarían de forma muy rápida las inversiones realizadas y remunerarían de forma importante los riesgos tomados, sin tener en cuenta para esta fijación de precios criterios de accesibilidad a tratamientos o interés público.

La tendencia en los últimos años en relación con los medicamentos contra el cáncer ha sido que: I) el beneficio marginal en salud de los nuevos medicamentos es cada vez menor, II) la evidencia disponible existente en el momento de su aprobación cada vez es más escasa, III) las presiones para la aceleración y el acortamiento

---

[8] Organización Mundial de la Salud, *Technical report: pricing of cancer medicines and its impacts: a comprehensive technical report for the World Health Assembly Resolution 70.12: operative paragraph 2.9 on pricing approaches and their impacts on availability and affordability of medicines for the prevention and treatment of cancer*, World Health Organization, 2018.

de los procesos de aprobación de medicamentos se han incrementado y IV) el precio de los medicamentos se ha disparado.

Los Gobiernos pagan por los medicamentos unos precios cada vez mayores sin poder saber cuánto cuesta desarrollarlos desde su investigación básica ni sus costes de producción, con información escasa y en ocasiones sesgada sobre su utilidad real y su seguridad[9] y con grandes presiones por parte de casi todos los actores del escenario del tratamiento del cáncer (y otras enfermedades) para su inmediata incorporación dentro de los medicamentos financiados con fondos públicos. Este fenómeno, aplicado a sistemas de salud que durante décadas han renegado de la cultura de la evaluación y han hecho de la financiación de medicamentos un objeto de debate partidista alejado de cualquier rigor técnico, es el caldo de cultivo ideal para que el sistema se tambalee ante la llegada de nuevos medicamentos para enfermedades graves, especialmente si estas son frecuentes (como ocurrió con los antivirales de acción directa para el tratamiento de la hepatitis C).

El sistema de investigación, desarrollo, fabricación y comercialización de medicamentos está roto, y esto se expresa en varios síntomas que ayudan a darnos cuenta de la magnitud del asunto:

→ La escalada de precios pone en duda que los sistemas de salud puedan seguir garantizando que el coste que debe pagar la población no sea una barrera para acceder a los nuevos tratamientos que sean seguros y eficaces. Desde el año 2010, el único año en el que el gasto sanitario en la Comunidad de Madrid creció por encima de las variaciones del PIB fue en 2015, año en el que tuvo que hacer un esfuerzo presupuestario extraordinario para financiar los medicamentos contra la hepatitis C. Es decir, en todo el periodo de crisis económica, con Gobiernos de distinto signo, lo único que logró impulsar el gasto sanitario por encima de las variaciones de la economía fue

---

[9] Davis, C. et al., «Availability of evidence of benefits on overall survival and quality of life of cancer drugs approved by European Medicines Agency: retrospective cohort study of drug approvals 2009-13», *BMJ* 359, 2017, j4530.

un medicamento de alto precio para una enfermedad bastante frecuente.
→ El informe antes citado de la OMS dice: «El alto retorno financiero de los medicamentos contra el cáncer a través de los altos precios puede haber distorsionado la inversión en investigación y ahogado la innovación».
→ El sistema actual ha fallado a la hora de incentivar la investigación en medicamentos necesarios pero no rentables; el paradigma de este tipo de medicamentos son los antibióticos. Su utilización intensiva durante unos años, sus indicaciones seleccionadas, el decaimiento de su consumo cuando empiezan a aparecer resistencias y la imposibilidad de buscar indicaciones alternativas en las cuales averiguar nuevos nichos de pacientes hacen que se trate de un grupo de medicamentos en los cuales el modelo de patentes no consigue su objetivo.
→ El coste de desarrollar un medicamento, que es el argumento que habitualmente utiliza la industria farmacéutica para justificar los elevados precios, es opaco y difícilmente contrastable. En un estudio publicado en *JAMA Internal Medicine* en 2017[10] que analizaba medicamentos contra el cáncer, se observó que el coste de desarrollo de las moléculas estudiadas estaba por debajo de la mitad de los cálculos habitualmente esgrimidos por la industria farmacéutica, y además los ingresos obtenidos en los primeros años tras la comercialización de estos medicamentos compensaban con creces. A este respecto, recientemente, la OMS ha aprobado una iniciativa para mejorar la transparencia en el proceso de investigación de medicamentos, aunque finalmente rebajaron las expectativas iniciales en relación con la estandarización y publicación pormenorizada de los costes de investigación de medicamentos.

A todo esto hay que añadir un aspecto fundamental: el secuestro del conocimiento público. Una parte importante del conocimiento

---

[10] Prasad, V. y S. Mailankody, «Research and development spending to bring a single cancer drug to market and revenues after approval», *JAMA Internal Medicine* 177(11), 2017, pp. 1569-1575.

que se genera por parte de las instituciones públicas sirve para el posterior desarrollo de medicamentos que son patentados y cuya explotación de beneficios es otorgada en régimen de monopolio a empresas privadas. En el informe «The people's prescription», liderado por Mariana Mazucatto,[11] se hace un análisis de este fenómeno, poniendo algunos ejemplos de cómo la iniciativa pública estuvo presente de forma fundamental e indispensable en el desarrollo de medicamentos posteriormente muy caros y rentables (sofosbuvir, infliximab, abiraterona) sin que ello supusiera la introducción de criterios de interés público en la fijación de precios y en su comercialización de modo que se asegurara que el conocimiento generado con fondos públicos se tradujera en una mayor facilidad para el acceso a esos medicamentos por parte de la población que los necesitara. El caso más llamativo y cercano es el del sofosbuvir, cuya investigación se gestó a partir de un estudio financiado durante diez años por el Departamento de Asuntos de los Veteranos y el Instituto Nacional de Salud de Estados Unidos, para ser finalmente desarrollado por una empresa llamada Pharmasset, que vendió el producto a Gilead Sciences, la empresa que lo ha comercializado mundialmente; este medicamento, con evidencia probada de efectividad y de perfil de seguridad, no llega a toda la población que lo precisa, ni siquiera en el país cuyos fondos públicos ayudaron a su desarrollo, por su elevado coste.

Hay alternativas a este modelo basado en la rentabilidad y no en la necesidad (que en salud no van ligadas, especialmente desde una perspectiva global, a pesar de lo que piensan muchas personas), pero de ello hablaremos más adelante.

La parasitación público-privada

Probablemente, uno de los modelos más alabados, tanto por liberales como por sociliberales y socialdemócratas, de penetración

---

[11] UCL Institute for Innovation and Public Purpose, «The people's prescription. Re-imagining health innovation to deliver public value», IIPP, Global Justice Now, Just Treatment y STOPAIDS, 2018.

de la iniciativa privada en los servicios públicos sea la denominada colaboración público-privada.

La denominación de «parasitación» y no de «colaboración» para describir la relación establecida entre el sistema público de salud y cierto tipo de empresas privadas que desempeñan sus funciones para la sanidad pública no hace referencia solamente a la existencia de escándalos, como el mantenimiento de redes paralelas de hospitales para maximizar la rentabilidad de los contratos públicos, la facturación inflada de procesos por parte de los centros privados (la Comunidad de Madrid paga por algunos procesos seis veces más en algún centro concertado que en los centros de gestión pública directa) o al hecho de que el consejero delegado de una de las mayores empresas de sanidad privada en España dijera que los ingresos por parte del lado público eran más rentables que los que recibían del lado privado. Estas tres cosas que hemos nombrado son el síntoma de un problema mayor: en los sistemas poco transparentes y con problemas de gobernanza —como el caso de España— la coexistencia de un sistema público de salud con mezcla de proveedores públicos y privados no hace que estos cooperen o compitan, sino que generan un entramado organizativo y funcional de manera que los primeros (los proveedores públicos o huéspedes) trabajan para los segundos (proveedores privados o parásitos), no tanto en los años de bonanza económica como, sobre todo, en los años de restricciones, en los que la contracción y los recortes presupuestarios se acumulan en los centros públicos porque los centros de provisión privada suelen tener cláusulas que les aseguran beneficios crecientes.

La sanidad es, a día de hoy, un engranaje más dentro de un modelo productivista en el cual la evaluación del desempeño del sistema no se mide en función de la adecuación de sus decisiones y actividades, sino en base al incremento del número de actos con respecto al año anterior. De ese modo, lo importante no es a qué tipo de pacientes se está operando de cataratas, sino a cuántos; ni qué nivel de resolución alcanzan las consultas de atención primaria, sino cuántas se producen al año y con qué demora se accede a las mismas; ni tampoco si estamos ofreciendo consejo sobre anticonceptivos a las mujeres de bajo nivel socioeconómico y alto riesgo de exclusión, sino si han aumentado el número de consultas de ese tipo con independencia de las características de las mujeres receptoras de las mismas.

La necesidad de parar la maquinaria, examinar qué acciones de las que realiza el sistema sanitario aportan valor añadido o pensar bajo qué marcos pensar la salud y el papel de la sanidad es algo que no se va a hacer desde un marco de «colaboración» público-privada porque no existe ningún incentivo para que eso pueda ser así. El decrecimiento en términos de actividad sanitaria es contrario a lo buscado por las empresas con ánimo de lucro,[12] y esto es algo que se debe tener en cuenta para valorar la plausibilidad de abandonar el camino de hacer más y más *ad infinitum*.

Mientras esto ocurra, el lucro seguirá siendo un enemigo que le marca la agenda a los sistemas públicos de salud mientras le recuerda de forma incesante que es inviable. «El sistema sanitario español es inviable tal como está», repetía un alto directivo de la sanidad privada en la presentación de su libro, acompañado por políticos de diferente signo que han ostentado altos cargos en el Ministerio de Sanidad. En eso estamos de acuerdo: tal como está, es inviable, porque en épocas de agotamiento de lo público (agotamiento por inanición, no por extinción) es preciso fortalecer la sostenibilidad del sistema eliminando esos enemigos externos que han sido internalizados con naturalidad en las últimas décadas.

¿Puede nuestro sistema sanitario convertirse en uno como el estadounidense?

En muchas ocasiones, en aras de defender la titularidad pública del sistema sanitario, hay quien rescata la posibilidad de que este se convierta en un modelo como el estadounidense, de aseguramiento individual voluntario con fuerte penetración del mercado y un gasto público confinado a la cobertura de la población de

---

[12] En el último capítulo se abordará cómo las instituciones públicas son igualmente esclavas de este productivismo, no atribuible en exclusiva a las organizaciones privadas con ánimo de lucro.

renta baja y la de edad avanzada. Sin embargo, más allá del eslogan, creo que afirmar que nuestro sistema puede tener una deriva hacia el modelo de Estados Unidos es ignorar cuál es el papel de lo privado en nuestro sistema y cómo interaccionan lo público, lo privado y el lucro.

No, el futuro que quieren las personas contrarias a los servicios públicos universales no es el sistema de Estados Unidos, sino uno en el que lo público sirva para: I) estabilizar los ingresos económicos de la empresa privada y favorecer que esta actúe como parásito de lo público y II) que el sistema público sea lo suficientemente deficiente como para dinamizar la necesidad de conciertos público-privados y de aseguramientos privados individuales y colectivos.

En relación con lo primero, es necesario resaltar la entrada en el ámbito de la sanidad de empresas cuyo campo de negocio habitual poco o nada tenía que ver con la salud, mediante la explotación de servicios no clínicos a cambio de la construcción de centros sanitarios. Estos, los llamados modelos PFI (Iniciativa de Financiación Privada), que entraron en nuestro país de la mano de la Comunidad Valenciana y sufrieron su mayor expansión en la Comunidad de Madrid en la época de Esperanza Aguirre como presidenta de dicha comunidad, han permitido que las grandes constructoras hayan encontrado en la sanidad una manera de estabilizar sus cifras de negocio, habitualmente muy sujetas a los ciclos de contracción-expansión propios del modelo de eterna burbuja que promueven. Estas empresas no tienen interés en que el sistema sanitario español camine hacia un modelo de aseguramiento privado tipo Estados Unidos porque perderían la financiación pública que ayuda a estabilizar una parte de su modelo de negocio (y que no es exclusivo del ámbito sanitario, por supuesto).

En relación con el segundo aspecto, ya hemos citado anteriormente las palabras del consejero delegado de Fresenius, empresa de sanidad privada (y que en el año 2019 se ha visto envuelta en varios escándalos de publicación de sobornos a profesionales de la sanidad pública a cambio de que favorecieran la entrada de sus productos en los hospitales públicos), que afirmó que la rentabilidad que obtenían del lado público era mayor que del lado privado. Esto supone un estímulo para el mantenimiento de un sistema en el que el objetivo no es desplazar al financiador (de público a privado), sino captarlo para obtener dicha financiación en vez de los proveedores públicos.

¿Existe el derecho a la salud? Si es así, ¿qué comprende?

Una constitución política razonable debe asegurar el derecho incuestionable del individuo a una vida sana. Queda a cargo de los poderes ejecutivos el encontrar los medios y las formas para hacer efectivo este derecho por medio de la negociación con las asociaciones de las diversas clases de ciudadanos que ya disfrutan de tales derechos.

RUDOLF VIRCHOW[13]

En este contexto, en el que la salud en general y la sanidad en particular se ven sometidas a tensiones para que aquello que una vez fue un terreno reservado para lo público y lo no mercantil sea ahora la puerta de entrada de capitales que ahora están en otros negocios menos rentables o menos estables, hay que preguntarse si esta mercantilización supondrá también una barrera en el acceso de la población a la asistencia sanitaria o a las condiciones que le permitan tener salud.

La mercantilización de la salud y la creciente presencia del ánimo de lucro en la sanidad hacen que debamos pensar si el denominado «derecho a la salud» es algo que cabe en sistemas de salud con orientación mercantil o si, por el contrario, existe un compromiso entre dicha mirada del derecho a la salud y el lucro.

El concepto del derecho a la salud ha sido en muchas ocasiones polémico; históricamente considerado como el derecho a recibir asistencia sanitaria adecuada en forma, momento y coste asumible, el desarrollo de la filosofía política en torno a la salud y la introducción de la mirada de determinantes sociales de salud han

---

[13] Virchow, R., *op. cit.*, *Medicina Social* 3(1), 2018, pp. 5-20.

hecho que esa visión del derecho a la salud restringido a la prestación sanitaria se haya desbordado, exigiendo abordajes nuevos para esta perspectiva más amplia.

A día de hoy, podríamos considerar que el derecho a la salud no es sino el derecho a que se garanticen unas condiciones mínimas para poder desarrollar las capacidades que permitan estar sanos a los individuos y comunidades. Es decir, partiendo de la base de que el derecho a estar sano no puede garantizarse por la multiplicidad de factores no controlables para ello, la colectivización del concepto de salud y la incorporación de los determinantes sociales hacen que aspectos como los condicionantes del entorno, el medio ambiente, la educación, la igualdad de género, la seguridad en el empleo o los suministros energéticos desempeñen también un papel en esta mirada del derecho a la salud.

En otras palabras, el derecho a la salud, desde una perspectiva de salud pública, sería lograr que la gente pueda disponer de unas condiciones de vida que sean promotoras de salud e incluyan no solo la atención a los déficits (asistencia sanitaria como derecho), sino también la generación de situaciones salutógenas (los determinantes sociales como activo y no como lacra).

Una vez definido qué incluiría este derecho a la salud, el problema que abordamos es *a quiénes* incluiría. Las visiones restrictivas con el contenido del derecho a la salud suelen coincidir con visiones restrictivas en la titularidad del mismo, limitándolo a las personas que tienen la nacionalidad del país o la condición de ciudadanía. Ante esto, parece necesario rescatar este párrafo de Martha Nussbaum en su libro *Las fronteras de la justicia*[14] donde habla de las necesidades de expandir los derechos más importantes más allá de la delimitación fronteriza:

> Encontramos el problema urgente de extender la justicia a todos los ciudadanos del mundo, de desarrollar un modelo teórico de un mundo justo en su totalidad, donde los accidentes de nacimiento y de origen nacional no viciaran desde el principio y en

---

[14] Nussbaum, M., *Las fronteras de la justicia. Consideraciones sobre la exclusión*, Paidós, 2012.

todos los sentidos las opciones vitales de las personas. En la medida en que todas las grandes teorías occidentales de la justicia social parten del Estado-nación como una unidad básica, es probable que necesitemos también nuevas estructuras teóricas para pensar de forma adecuada este problema.

Las miradas expansivas tanto en el contenido como en la titularidad del derecho a la salud no son compatibles con una regulación monetaria del mismo, esto es, con el hecho de que la capacidad económica sea una barrera para el ejercicio de dicho derecho. El lucro y la mercantilización, ya sea de la asistencia sanitaria o de los aspectos que determinan el estado de salud, parecen difícilmente compatibles con la plena satisfacción de una mirada del derecho a la salud que incluya no solo la prestación sanitaria, sino también la atención a los determinantes sociales.

PARTE III
DESENLACE

¿QUÉ SISTEMAS DE SALUD PARA QUÉ SOCIEDAD (Y VICEVERSA)?

Escribe Marina Garcés que «nuestro tiempo es el tiempo del todo se acaba» y señala como cambio fundamental de nuestro tiempo que «lo que ha cambiado es la relación con el presente: de ser aquello que tenía que durar para siempre se ha convertido en lo que no puede aguantar más. En lo que es literalmente insostenible».

Pensar los sistemas públicos de salud para dejarlos como están no parece posible por esa insostenibilidad (no tanto financiera, como arguyen los ideólogos de la captura de lo público hacia lo privado, sino sociocultural, ambiental y políticamente); reconstruir los sistemas pasados, diseñados para sociedades pasadas y cuyo recuerdo evoca una especie de idealización realizada mientras miramos en el espejo retrovisor, difícilmente aportaría nada nuevo. Tal vez la única opción que nos quede, desde este rincón desde el que se escribe este libro, sea la de pensar un futuro de lo público, y en particular de lo público que tiene que ver con la salud, que parta del reconocimiento de la interdependencia y la vulnerabilidad, no solo del individuo o la comunidad, sino de las instituciones que nos procuramos para organizarnos y sobrevivir (sanidad, educación, empleo…), siendo conscientes de que los sistemas públicos de salud del futuro serán el correlato en ese ámbito de las sociedades y los servicios públicos del futuro, y no un reducto disonante que, cual aldea gala frente al Imperio romano, subsista ante las embestidas repetidas del sistema-mercado.

La resignificación de la política cuando se hable de salud; la necesidad de que cada ganancia de participación se mezcle con una redistribución del poder; la conciencia de que el sistema público de salud no se puede construir desde arriba porque entonces solo sería un pozo, pero que tampoco puede diseñarse desde abajo si lo que vamos a usar para ello son palillos de madera; y la conciencia de que para cambiar las cosas, además del conocimiento —e incluso la responsabilidad de cambio—, hacen falta la capacidad y el poder para hacerlo; todo esto tratará de llenar las próximas páginas para abrir algún camino a los debates que deberían seguir produciéndose en los próximos años, antes de que sea demasiado tarde (si no es ya demasiado tarde).

09
POLÍTICA

La política en el terreno de la salud: ¿dónde quedaron las decisiones individuales?

Leo en un diario digital que en una zona del Reino Unido se están planteando excluir del tratamiento del cáncer de pulmón a aquellas personas que sean fumadoras y me acuerdo del mítico artículo de Àngel Puyol titulado «¿A quién debemos dejar morir?», donde se plantea el caso (real) de un paciente que fue excluido de la lista de trasplantes de un gran hospital madrileño por encontrarse en situación de calle y que esto le dificultara el seguimiento de los cuidados y tratamientos derivados de la recepción del órgano que necesitaba. El sistema sanitario como ejemplo de política miope: ve muy bien de cerca (a la hora de poner un diagnóstico clínico), pero falla estrepitosamente cuando tiene que mirar de lejos (mirar a las causas de las causas de las situaciones que desembocan en un hábito de salud o en una situación socioeconómica).[1]

«Cuida tu salud», «No fumes», «Haz ejercicio cinco días a la semana», «Aumenta las verduras en tu dieta», «Acude a los programas preventivos de salud que estén indicados», «Sal de vez en cuando con tus amistades», «Guarda ratos para ti»…, todos son mensajes que prescriben hábitos de vida y que rara vez tienen en cuenta las condiciones en las que se insertan; en un marco en el que las enfermedades son causadas por hábitos de vida no saludables, el dedo

---

[1] Comisión para Reducir las Desigualdades en Salud en España, *Avanzando hacia la equidad. Propuestas de políticas e intervenciones para reducir las desigualdades sociales en salud en España*, Ministerio de Sanidad, Servicios Sociales e Igualdad, 2015.

acusador señala al individuo como responsable absoluto de su salud al no tomar las decisiones adecuadas, no llevar a cabo los hábitos de vida correctos y, por ello, tomar el camino de la enfermedad.

En un marco un poco más amplio, consideraríamos los hábitos de vida como un lugar intermedio entre la enfermedad y sus causas reales y miraríamos más allá, hacia los factores que hacen que las personas tomen unas decisiones u otras. Leía en una novela de Isaac Rosa cómo uno de los personajes atribuía a otro la frase «El azar es en realidad nuestra ignorancia de la compleja maquinaria de la causalidad»; aplicándolo a la elección libre de hábitos de vida saludables, podríamos decir que esa «libre elección» no es sino la forma en la que llamamos a las elecciones cuyas causas y condicionantes ignoramos. Si las personas desempleadas, las que tienen menos estudios o las de menor renta fuman en mayor proporción de forma sistemática e, incluso, adoptan en mayor medida el hábito de fumar cuando transitan desde otras situaciones a una de estas (del empleo al desempleo, por ejemplo), es porque hay algo más que la libertad de elección en la adopción del hábito del tabaquismo, y es sobre esos condicionantes más profundos, más estructurales, sobre los que es preciso actuar para trascender el marco de la culpabilización individual y llegar a abordar las causas fundamentales de los problemas de salud.

Esta diferenciación entre causas intermedias (elecciones individuales de hábitos de vida) y causas fundamentales (determinantes sociales y comerciales de salud) es la que existe entre llevar a cabo tareas de tratamiento y prevención desde lo individual (acciones generalmente llevadas a cabo desde la consulta, en la acción individual) o abordar lo colectivo (acciones de intervención comunitaria, ya sea desde el ámbito de lo sociosanitario o desde el nivel político).

Trascendiendo el campo de la sanidad: donde la salud se juega

—El oxígeno solo lo uso unas pocas horas, no todas las que me dijeron.
—¿Y eso por qué?
—Porque gasta mucha luz y no puedo permitírmelo.

Tuve esa conversación en una consulta con Josefa cuando los medios de comunicación ya empezaban a decir que España estaba abandonando la crisis económica, pero a ella no le había llegado noticia de ello porque lo suyo no era una crisis, sino su forma de vida. La respuesta del sistema a su situación no era garantizar un mínimo vital básico de suministros energéticos que hicieran compatible comer comida caliente, calentar la casa y respirar el oxígeno que necesitaba, sino que se le ofrecía un tipo de oxigenoterapia que no necesitaba corriente eléctrica para funcionar. Ese compartimento estanco que es la respuesta biomédica a los problemas sociales se cristaliza en casos como el de Josefa, que se beneficiaría más de una política energética con mirada social que de la enésima versión del solucionismo tecnológico en versión oxigenada. A Josefa el oxígeno no se lo van a llevar ni un avance tecnológico ni una prescripción médica, sino las acciones de una política que entienda que la salud y el bienestar no se pueden meter en el cajón de «política sanitaria», sino que impregnan todos los ámbitos de la vida, de modo que desde «lo sanitario» solo se actúa cuando todo lo demás, en cierto modo, ha fallado.

Marina Garcés comenta en *Humanidades en acción*[2] lo siguiente:

> Solo se puede enseñar a pensar con valentía desde las condiciones materiales y relaciones laborales dignas. Tengo la sensación de que la cultura, las humanidades, las artes e incluso las ciencias vuelven a formar parte de aquellos privilegios que las clases más altas hacen suyos cuando las desigualdades aumentan. No podemos ser un elemento de distinción para los ricos del mundo. Tenemos que continuar luchando por que la cultura, en todas sus dimensiones, sea una herramienta de emancipación para todos.

Llama la atención que lo que ella describe para la cultura o las humanidades es, en gran parte, extrapolable a los llamados hábitos de vida saludable; una serie de ítems incluidos en las tareas obligatorias del buen ciudadano que son aislados de las condiciones materiales en las que se desarrollan a la hora de prescribirlos

---

[2] Garcés, M., *Humanidades en acción*, Rayo Verde Editorial, 2019.

a la población, pero que están inevitablemente determinados por ellas, de modo que vemos que las personas sin dichas condiciones materiales no pueden llevarlos a cabo. En cierto modo, podríamos considerar que el énfasis en los estilos de vida saludable que sepultó la mirada sobre las condiciones de vida ha contribuido a la *culturización* de la conservación de la salud, es decir, a la consideración de las conductas relacionadas con la salud como objetos de colección o disfrute que sirven como diferenciador de clase (la práctica de yoga, el consumo de alimentación saludable, el disfrute del tiempo libre, ir al dentista con cierta periodicidad…). Comprender que la práctica de hábitos de vida saludables tiene una vinculación fundamental con el lugar en el mundo que cada uno ocupa es clave para entender en qué nivel de profundidad causal colocamos las responsabilidades relacionadas con la salud y con el enfermar.

La política en el ámbito de la salud

A la hora de hablar del papel de la política y las políticas en la salud es necesario hacer una distinción fundamental: por un lado, al hablar de las causas de la enfermedad, es necesario enfatizar que la mayoría de estas se encuentran en el ámbito de los determinantes sociales y los determinantes comerciales de salud, de modo que es ahí donde las políticas deben dirigirse en el sentido de la prevención de enfermedades y de la promoción de entornos salutogénicos que mejoren el estado de salud de una forma efectiva y equitativa; por otro lado, la política también tiene un papel fundamental a la hora de diseñar y gestionar la asistencia que precisan las personas una vez que tienen alguna enfermedad (o condición asimilable que precise de asistencia sanitaria), de modo que los sistemas sanitarios no reproduzcan dentro de sí las desigualdades sociales que se dan durante el proceso de enfermedad. Es decir, la política en salud ha de actuar sobre los determinantes sociales para promover comunidades cohesionadas y condiciones sociales que construyan buenas condiciones de salud para la población, pero también han de actuar a nivel sanitario para que el sistema sanitario no amplifique o reproduzca (y, si puede ser, palíe o revierta) las desigualdades sociales existentes.

Si en vez de prescribir hábitos de vida, tratáramos de prescribir condiciones de vida saludables veríamos cómo de ridículo es cargar sobre las espaldas de la población decisiones sobre las que tienen un control muy parcial: «Ten un trabajo estable y bien pagado», «Vive en una zona con amplias zonas verdes», «No tengas dificultades económicas para llegar a fin de mes», «No pertenezcas a ningún colectivo excluido»…, aspectos que impactan de forma muy directa en la salud de las personas, pero cuya influencia difícilmente puede ser atemperada desde la posición individual, sino que ha de actuarse desde una posición más colectiva y, sobre todo, más política.

A pesar de ser el desagüe por el cual transitan todos los malestares, el sistema sanitario no tiene capacidad para dar respuesta a la gran mayoría de los problemas de salud que se presentan en una sociedad; tal vez puede tratar de paliarlos o cronificarlos, así como proponer soluciones o medidas sanitariocéntricas que legitimen ciertos malestares de origen social.

La política en el campo de la salud ha de ser una vía para la reversión de las dinámicas comerciales e industriales que perpetúan un modelo de bienestar centrado en la enfermedad y que, cuando se centra en los activos, lo hace convirtiéndolos en objetos elitistas y encaminados al consumo. La política ha de reequilibrar la salud, actuando «cascada arriba» en los determinantes sociales y haciendo que a nivel sanitario el sistema logre ser accesible y cuidar de quienes más lo necesitan y menos asistencia suelen recibir. La política, en suma, tiene que desarrollar su labor predistributiva en el ámbito de la salud actuando sobre los determinantes sociales para paliar los efectos de las desigualdades sobre la salud, y a la vez debe desarrollar su labor redistributiva convirtiendo sus servicios sanitarios públicos en elementos de cohesión social con plena capacidad para ayudar a disminuir las inequidades existentes en salud.

¿Es la acción política en el ámbito de la salud un sustituto de la responsabilidad individual?

Cuando en 2012 Michael Bloomberg, entonces alcalde de la ciudad de Nueva York, anunció su intención de prohibir los refrescos de gran tamaño, los grupos de presión empresarial que representaban los intereses de las empresas de bebidas azucaradas alzaron la voz acusándolo de liberticida. En junio de ese año *The New York Times* publicaba una imagen a toda página con la cara de Michael Bloomberg sobre el cuerpo de una señora mayor y las palabras «The nanny» (la abuelita), en un intento de las empresas de bebidas azucaradas de ridiculizar la medida impulsada por Bloomberg; bajo esas palabras un subtítulo decía «Tú pensabas que vivías en la tierra de la libertad».

«Papá Estado» sería la versión castellanoparlante de llamar abuelita a un político que piensa que las medidas coercitivas pueden tener un papel en la restricción del acceso a alimentos no saludables. La limitación en el volumen de los refrescos, las restricciones de tráfico en el centro de las ciudades, la prohibición de fumar en espacios públicos cerrados o la obligación del uso del cinturón de seguridad representan situaciones en las que el Estado actúa desplazando la «libertad individual» en nombre de un bien común superior a esta. En la tensión entre libertad individual y necesidad de proteger y garantizar la salud de la población es donde se desarrollan las políticas de salud pública, y es en esa tensión donde se han ido moviendo las distintas sociedades y sus Gobiernos a lo largo de la historia.

Al decir que existen factores que condicionan o incluso determinan el signo de nuestras «libres» elecciones a la hora de adoptar un hábito de vida determinado, estamos poniendo en cuestión la responsabilidad de cada persona en acciones tan cotidianas como fumar, ir al trabajo en coche o cenar comida precocinada en vez de hacerla uno mismo, y al mismo tiempo estamos abriéndonos a la posibilidad de que un tercero (habitualmente el Estado en alguna de sus formas) actúe sobre las causas que impiden esa «libre elección» para bien tomar esa decisión por nosotros o bien generar un escenario en el que la toma de esas decisiones sea más libre.

¿Qué implica esta visión? Tiendo a volver recurrentemente a este párrafo de Sridhar Venkatapuram en su libro *Health justice*:

> Desde la perspectiva de las capacidades, los individuos se convierten en moralmente responsables de sus elecciones según sean sus capacidades, no de forma independiente a estas. Las elecciones que uno hace dependen de las opciones que uno tiene. Y la conexión entre las elecciones personales y los resultados obtenidos solo se puede establecer después de tener en consideración el papel causal de los condicionantes biológicos, las condiciones físicas y las sociales. Sin eso, podríamos estar haciendo plenamente responsable a la gente de decisiones de las cuales son, solamente, responsables de forma parcial.[3]

Es decir, no podemos atribuir responsabilidad individual a las personas sobre acciones de las que no son responsables por no tener la capacidad para elegirlas.[4] Dicho de otra forma, si de manera sistemática observo que las personas con menor nivel educativo, menor renta o peores condiciones laborales fuman más que las que no se encuentran en esa situación, la lectura que nos plantea Venkatapuram es que restringirles el acceso a una prestación (el tratamiento del cáncer de pulmón, en el ejemplo que abría este capítulo) sería tremendamente injusto porque los datos nos están mostrando que hay algo en la situación de esas personas, en los determinantes sociales de salud «educación», «renta» y «condiciones laborales», que está influyendo en la capacidad de estos individuos de tomar libremente la decisión de fumar o no.[5]

La salud hace tiempo que quedó expropiada en un doble sentido: por un lado, del paciente que confía en la totalidad del conocimiento experto en manos del médico; por otro lado, por parte de la política que deposita en la medicina clínica el rol central de acción sobre la salud (tanto en lo presupuestario como en

---

[3] Venkatapuram, S., *op. cit.*, Polity, 2011.

[4] Puyol, À., «Ética, equidad y determinantes sociales de la salud», *Gaceta Sanitaria* 26(2), 2012, pp. 178-181.

[5] Cockerham, W. C., «Health lifestyle theory and the convergence of agency and structure», *Journal of Health and Social Behavior* 46, 2015, pp. 5-67.

lo representativo). De esta manera, el binomio «población-política» queda sustituido por el binomio «médico-medicina», y esto tiene repercusiones importantes no solo en la forma en que la política da la espalda a sus responsabilidades sobre la salud de la población, sino también en la manera en la que se enuncian las causas y responsabilidades en torno al enfermar. La necesaria politización de la salud pasa por rescatar el carácter colectivo de esta, tanto en la detección de necesidades como en la gestión de los recursos públicos (y comunitarios) y en la elaboración de las respuestas que se precisan.

Acción política en salud: huir de la prevención para abrazar la promoción

¿Cómo hacer realidad esa transición de lo individual a lo colectivo y de lo médico a lo político? Poner la mirada sobre uno de los valores protagonistas de cualquier discurso sanitario de actualidad, la prevención, y más concretamente el mantra de que «más vale prevenir que curar», puede ayudarnos a señalar algunos aspectos importantes.

En el año 2008, Iona Heath, médica general británica, publicó «Una carta abierta al primer ministro» en la revista *British Medical Journal*;[6] en ella se encuentran los siguientes dos párrafos:

> Sobre prevención, las cosas son aún peores. Usted ofrece un NHS[7] que «identifica tus necesidades clínicas antes de lo que lo hacía previamente, está centrado en mantenerte sano y en forma y mejora el control que tienes de tu propia salud y tu propia vida.
> A largo plazo, un servicio preventivo personal para sus necesidades es beneficioso no solo para las personas individuales, sino también para todos nosotros, ya que reducimos el coste de la enfermedad».

---

[6] Heath, I., «An open letter to the Prime Minister», *BMJ* 336, 2008, p. 360.
[7] *NHS* son las siglas para «National Health Service», el servicio de salud británico.

Esta última frase proclama una nueva falacia de Beveridge para el nuevo siglo. En su informe de 1942, que llevó directamente a la creación del National Health Service, *sir* William Beveridge concibió «un servicio de salud que disminuirá la enfermedad por medio de la prevención y la curación». Él previó «el desarrollo del servicio y, como consecuencia de su desarrollo, una disminución del número de casos que lo requerirán». Beveridge estaba planificando un cambio social de magnitudes sísmicas y su optimismo podría perdonarse. Usted no tiene esa justificación y, repitiendo el mismo error y haciendo creer que invirtiendo en prevención el NHS puede reducir el coste de la enfermedad, pone en peligro la solidaridad social duradera que supone el legado de Beveridge.

En esos párrafos Iona Heath describe una realidad que no por contradecir las creencias establecidas en el imaginario colectivo de las sociedades occidentales deja de ser cierta: los sistemas sanitarios basados en la prevención no tienen el ahorro de costes dentro de sus valores fundamentales porque, básicamente, lo que hace la prevención es seleccionar causas de muerte y, en el mejor de los casos, diferir esta hacia un momento posterior. Los valores de la prevención son otros, pero desde luego que en términos generales no parece que los sistemas sanitarios que se dirijan hacia la prevención supongan ahorros económicos.

El eslogan «Prevenir ahorra dinero» triunfa por sencillo e intuitivo, no por cierto y riguroso. Afirmar que «prevenir ahorra dinero» es falaz, porque el concepto «prevenir» es demasiado complejo y heterogéneo como para poder atribuirle consecuencias tan complejas de forma global. Según un artículo publicado en 2008 en la revista *The New England Journal of Medicine*, solo el 20 % de las actividades preventivas estudiadas suponía un ahorro económico, mientras que el 4 % suponía un incremento de los costes; entre medias el 76 % de las actividades se movía en una línea continua de coste-efectividad.[8]

---

[8] Cohen, J. T., P. J. Neumann y M. C. Weinstein, «Does preventive care save money? Health economics and the presidential candidates», *The New England Journal of Medicine* 358(7), 2008, pp. 661-663.

Algunas actividades preventivas ahorran dinero. Otras no. Algunas ayudan a mejorar tu salud en el futuro. Otras no. Algunas incluso pueden empeorarla en el presente.[9] Sin embargo, el valor de las actividades que merecen la pena (no de todas, sino de las que merecen la pena) no es el disminuir el gasto sanitario, sino el de lograr uno de los objetivos fundamentales del sistema sanitario (como ya hemos comentado en los primeros capítulos del libro): conseguir que la gente mantenga un elevado nivel de funcionalidad social la mayor cantidad de tiempo posible.

Más allá de tener un sistema sanitario que desarrolle las actividades preventivas que aporten valor a la vida de las personas, la prevención es una tarea para los Gobiernos, no para los sistemas sanitarios, como titulaba un reciente artículo de *BMJ* escrito por Fiona Godlee:[10]

¿Qué ocurre con la prevención primaria?[11] A no ser que invirtamos en esto a largo plazo, cualquier sistema sanitario tendrá que luchar para mantener el ritmo de funcionamiento a pesar del aumento de las enfermedades crónicas físicas y mentales. En vez de ello, tenemos austeridad y recortes a la financiación local de la salud pública. Una prevención primaria adecuada implica abordar los determinantes sociales de salud y los intereses comerciales.

El énfasis en la individualización de la prevención supone actuar en la parte más baja de la cascada de determinantes sociales de salud, sobre los hábitos de vida y responsabilizando al paciente sin apenas contemplar la realidad material en la que está inserto. Sin embargo, no podemos quedarnos en la afirmación de que la prevención es una labor de los Gobiernos y que hemos de actuar en los determinantes sociales de salud para disminuir los riesgos actuales de

---

[9] Gérvas, J., B. Starfield e I. Heath, «Is clinical prevention better than cure?», *Lancet* 372, 2008, pp. 1997-1999.

[10] Godlee, F., «Prevention is the role of governments, not health systems», *BMJ* 364, 2019, l228.

[11] La prevención primaria es aquella dirigida a evitar la aparición de una enfermedad o problema de salud mediante el control de los factores causales y los predisponentes o condicionantes.

enfermar y la incidencia futura de enfermedades; es necesario plantear si queremos que los Gobiernos tengan una acción política en salud encaminada a huir de la enfermedad (prevención) o a construir y caminar por escenarios de salud (promoción de salud). Dani García lo expresaba muy bien:

> La prevención es igualmente una herramienta de control social. Toda sociedad tiende a consolidarse reforzando el consenso sobre la norma y, por tanto, estigmatizando los desvíos de la norma. La prevención participa en este proceso, por lo que la elección de los problemas a los que se aplica no es neutral. Da prioridad a los «especialistas del comportamiento adecuado»: cada uno es convocado a comportarse como un «superhombre» que come de forma equilibrada, hace ejercicio físico regularmente, administra con precaución sus relaciones sexuales, educa a sus hijos según las reglas, etc., todo ello bajo la supervisión de expertos. Pero esta dimensión de control social que caracteriza la prevención representa al mismo tiempo un obstáculo para su eficacia con las personas que se sienten más al margen de las normas sociales. Interrogadas a propósito de los servicios de protección materno-infantil, familias muy pobres dicen que el miedo al control social es una de las principales razones de la discontinuidad e ineficacia del seguimiento preventivo de los niños pequeños. En particular, el temor a la retirada de los niños permanece muy vivo, y cada vez que la familia se siente frágil, se repliega sobre sí misma para tratar de garantizar su integridad.[12]

Mientras la prevención actúa tratando de evitar futuros inciertos y manejando riesgos de una manera no siempre adecuada en el salto de lo colectivo a lo individual y ciñendo el objetivo futuro a lo que podríamos denominar como «la norma social», la promoción de la salud cambia la visión tratando de reorganizar el poder identificando recursos en salud de las comunidades, favoreciendo

---

[12] García, D., «De la prevención a la promoción, mucho por andar», *Mi salud, tu salud, nuestra salud* [blog], 1 de agosto de 2013, http://misaludtusaludnuestrasalud.blogspot.com/2013/08/de-la-prevencion-la-promocion-mucho-por.html.

su cohesión y desarrollando acciones que, de una forma generalmente transversal y multiefecto, mejoren la salud de las poblaciones y comunidades donde se desarrollan.

No todas las políticas del ámbito de la promoción de salud están exentas de prácticas biopolíticas de control; de hecho, es probable que en nombre de la promoción se lleven a cabo muchas prácticas de control más encaminadas a la vía psicopolítica, según la cual la autocoerción en la búsqueda de la vida sana ejerza un papel impositor que no precise de la imposición institucional (Estado-sistema sanitario), pero mientras es complicado que desde la prevención se puedan construir horizontes futuros de mesura y construcción colectiva, esto sí es mucho más visible, factible y realizable en el campo de la promoción de salud.

Como conclusión, es cierto que, si hablamos de prevención, es importante enfatizar la labor de los Gobiernos; por supuesto, existen actividades preventivas que pueden tener consulta dentro de las fronteras de la asistencia sanitaria, pero desde luego que no parece que sean tantas como para justificar un sistema sanitario centrado en la prevención. Dicho esto, parece lógico abogar por una transición del discurso político de la enfermedad al de la salud, del individuo al colectivo, del control a la construcción con redistribución del poder, en resumen, del discurso político de la prevención al discurso político de la promoción.

10
SOCIEDAD

La estructura sociopolítica necesaria para aguantar un sistema sanitario sostenible

En una charla (o, al menos, en su borrador, que es lo que leí) dada por Marta Carmona (psiquiatra feminista a la par que amiga), esta disertaba sobre las diferentes dimensiones del concepto «comunidad» y el papel de doble agente de los servicios de salud mental al intentar, por un lado, ejercer de contrapoder al enfrentarse a las dinámicas de *airbnbización* de la salud mental comunitaria y, por otro lado, tener que adaptarse a estas dinámicas para poder llegar a la población que los necesita.

Esta situación, según la cual los sistemas públicos de salud no pueden ser solo receptores pasivos de los designios de los sistemas económicos y sociales, pero tampoco pueden recluirse en una cámara de eco a esperar a que el temporal se calme y las circunstancias cuadren más con su ideario, supone uno de los principales ejes de tensión al hablar sobre cómo transformar los sistemas públicos de salud en una sociedad que va a intentar fingir que no los necesita.

Cómo ser «sistema», cómo ser «público» y cómo entender la «salud» en tiempos de *airbnbización, amazonización* o *uberización* de la sociedad es preguntarse cómo pueden los sistemas públicos de salud no fallar en el día de hoy a las personas que los necesitan al mismo tiempo que favorecen o propician las transformaciones sociales necesarias para desarrollarse y poder mantenerse en el tiempo.

Muchos de los valores más desarrollados en este libro son contrahegemónicos en el orden social y sanitario actual, más regido por el productivismo perpetuo, la inmediatez (en tiempo y lugar), la (falsa) eliminación de la incertidumbre y la externalización de la gestión del riesgo. No puede existir atención primaria en sociedades que desprecian los cuidados y fían el papel de su principal nivel asistencial a ser una versión pública y sanitaria del mostrador para coches del McDonald's, donde te atienden a cualquier hora, en cualquier momento, sin bajarte del coche y, eso sí, una persona distinta cada vez. No pueden existir sistemas totalmente centrados en políticas potentes de salud pública y salud comunitaria en un entorno de individualización de las responsabilidades en el enfermar, destrucción de las redes de cuidados, minimización del papel del Estado y de las políticas públicas, destrucción de la universalidad, mercantilización de la asistencia sanitaria o financiarización de la economía.

Los sistemas públicos de salud existen en marcos políticos y económicos muy diversos, y por ello son diversos estos sistemas; la relación de fuerzas entre los diferentes apartados del sistema y la jerarquía de valores presente en ellos no es el resultado de tomar al azar unos valores y unas situaciones contextuales, sino que todo es resultado de un alto nivel de coherencia entre el sustrato y el resultado que se arroja en forma de sistema público de salud.

Cobertura universal en salud, visión comunitaria de las políticas de salud, transformación del marco de propiedad industrial e intelectual de la investigación biomédica y centralidad de la equidad en el diseño y funcionamiento del sistema de salud parecen ser las misiones fundamentales que desde la sociedad se deben plantear para que el sistema público de salud sea un reflejo de la sociedad en la que está inmerso.

El camino hacia la universalidad (real) y la desburocratización del acceso a los derechos

Probablemente, el elemento fundamental para que los sistemas públicos de salud sean elementos de cohesión social (más allá de su existencia y funcionamiento en contextos democráticos) sea la universalidad de los mismos.

«Sanidad universal no quiere decir de todo el universo», decía el ministro de Sanidad de un Gobierno del Partido Popular; estamos de acuerdo, pero universalidad sí que ha de querer decir que la cobertura sanitaria esté disponible para la población que lo necesite de forma adecuada, con calidad y sin que el coste suponga una barrera.

Romper la universalidad de los servicios públicos es la vía más rápida para su destrucción, y es algo que puede hacerse por abajo, excluyendo a colectivos vulnerables, o por arriba, haciendo que las clases altas sientan que sus aportaciones vía impuestos no se ven recompensadas por parte del sistema en forma de servicios públicos. Es por ello que el mantenimiento y la expansión de la universalidad de los servicios de salud y su consideración como un derecho vinculado a la condición de residencia (mejor que de ciudadanía, lo cual a su vez es mejor que el criterio de cotización, por ejemplo) es el primer paso que como sociedad debemos dar para mantener los sistemas públicos de salud.

Que la cobertura sanitaria universal es una necesidad para cualquier sistema sanitario que haya comprendido que los accidentes geográficos de nacimiento no pueden suponer una limitación para el derecho a la asistencia sanitaria es algo que parece fuera de toda duda (y cuya duda solo es planteable dentro del marco de la creencia o fe en que las fronteras tienen capacidad para salvaguardar las esencias de los servicios públicos o algo parecido). El reto de futuro es comprender que la visión de determinantes sociales de salud ha de impregnar no solo la práctica clínica o las actividades comunitarias, sino muy especialmente las políticas en el ámbito de la cobertura. No sirve de nada proveer una asistencia sanitaria adecuada, asequible, accesible y excelente si al día siguiente de dicha asistencia las personas son devueltas a una situación en la que no tienen los más mínimos niveles de protección social.

De la cobertura sanitaria universal hemos de pasar a la cobertura universal en salud, incluyendo aquellos elementos de los determinantes sociales que influyan sobre la salud de manera importante y que no deban suponer un factor de estratificación en la salud de la población. Un ejemplo de este cambio de mirada sería incluir los suministros mínimos energéticos como forma de lucha contra las muertes en las olas de frío o para promover la alimentación saludable, o implantar un ingreso mínimo vital (o cualquier modelo de rentas garantizadas) para luchar contra los efectos de la pobreza sobre la salud.

Desmedicalización: por un Public Health New Deal

Existe bastante consenso en que si todo padecimiento del ser humano (o incluso muchas cosas que no son padecimientos) va a ser vehiculizado por el sistema sanitario, no existe sistema público de salud que pueda mantenerse a largo plazo guiándose con criterios de efectividad, eficiencia y equidad.

De la misma manera que recientemente se ha rescatado el concepto de New Deal (que hace referencia a las políticas de intervención del Estado en la economía estadounidense en la época de la Gran Depresión —años treinta— para estimular la demanda) para aplicarse a las políticas de lucha contra el cambio climático (Green New Deal), podríamos decir que los sistemas públicos de salud (y las sociedades en conjunto) necesitan de un Public Health New Deal[1] que se base en dos principios fundamentales: por un lado, lograr un aumento relativo del poder de la salud pública en los discursos, los presupuestos y las prácticas dentro del total de las fuerzas y parcelas que componen las políticas de salud; por otro lado, hacer que ese impulso a las políticas de salud pública sea en la dirección de desmedicalizar, desindividualizar y recuperar el potencial político de la salud pública como forma de lucha contra las desigualdades sociales (no solo en salud).

En un artículo publicado en *The Guardian*[2] se afirmaba que los factores que causan el cambio climático son los mismos que hacen

---

[1] Este término haría referencia al establecimiento de políticas centradas en el desarrollo de la salud pública como forma de luchar contra la situación de desigualdad social que experimentamos y que en términos de salud precisa de abordajes alejados de lo asistencial y que pongan el foco en lo comunitario y la influencia de la salud en los diferentes determinantes sociales (empleo, renta, urbanismo, igualdad…).

[2] El-Sayed, A., «The Green New Deal doesn't just help climate. It's also a public health new deal», *The Guardian*, 26 de abril de 2019, https://www.theguardian.com/commentisfree/2019/apr/26/the-green-new-deal-public-health-new-deal.

que las repercusiones de este sobre la salud se ceben en las personas y colectivos más desfavorecidos. Del mismo modo, podemos afirmar que el Green New Deal es ya *de facto* un Public Health New Deal, porque la emergencia climática es uno de los mayores retos en el campo de la salud pública en el presente y en el futuro, así como porque las dinámicas de producción y poder que operan en el establecimiento y evolución del cambio climático son las mismas que han operado para llegar a la situación actual, en la que la salud es un marcador claro de la situación de las personas en la escala social.

¿Por qué vincular el estímulo presupuestario y político de la salud pública con las medidas en favor de la desmedicalización? En los últimos años hemos visto muchas campañas sanitarias destinadas a concienciar a la población de que no tenían que pasar por el filtro de lo médico padecimientos que formaban parte de otros ámbitos (tristeza por una ruptura de pareja, nerviosismo por un despido laboral…), así como de que no tenían que esperar que una mayor cantidad de asistencia sanitaria fuera a ser siempre mejor (por ejemplo, es creciente el número de campañas destinadas al correcto uso de antibióticos y la idea de que en muchos casos *más* no es *mejor* en sanidad). Por otro lado, también han proliferado las iniciativas sobre actividades sanitarias que han de no hacerse porque la evidencia disponible sobre su efectividad o seguridad es baja, estando muchas de ellas relacionadas con la medicalización de síntomas o padecimientos que no tendrían que medicalizarse.[3]

El problema de todos estos ejemplos es que se producen dentro de un mismo marco, el sanitario. Es complicado pensar que la solución a un exceso de medicina puede venir de la propia medicina y no del abordaje de las condiciones que nos han llevado a dicho exceso.

La introducción de las políticas de salud pública para revertir la corriente medicalizadora pretendería poner el foco en la salud desde un punto de vista de las condiciones que nos llevan a ella,

---

[3] Un ejemplo de esto podría ser la campaña de Castilla y León sobre «No hacer», destinada a «No medicalizar los malestares de la vida diaria»: https://www.salud castillayleon.es/portalmedicamento/es/noticias-destacados/noticias/medicalizar-malestares-vida-diaria.

los activos en salud, y no de las repercusiones negativas que queremos evitar, así como potenciaría las iniciativas de promoción de la salud no entendidas desde una perspectiva sanitarista, sino como procesos de fortalecimiento de la cohesión social y la generación de espacios de poder desde los cuales generar estados de salud y cuidados.

La salud de la población necesita un Public Health New Deal con mayor presupuesto para tener músculo económico que movilice nuevas políticas de salud, y con cambio en las dinámicas de funcionamiento de dichas políticas para que la sanidad sea una parte de la salud pública y no al revés.

Colectivización de la propiedad industrial e intelectual

Otro de los lugares donde se librarán los cambios del panorama de la salud en las próximas décadas es el de la innovación biomédica y la introducción en los servicios públicos de salud de los nuevos medicamentos innovadores con coste muy elevado. Según datos de EvaluatePharma, el gasto en medicamentos contra el cáncer creció, a nivel global, un 30 % entre 2016 y 2018, dato que no es fruto de una aberración en la tendencia de gasto de los últimos años, sino la expresión del problema al que nos enfrentamos.

El modelo basado en monopolios de explotación comercial de la fabricación de medicamentos (patentes) está roto y es necesario que se planteen alternativas dentro y fuera de los márgenes del actual sistema para dotar de valor a la investigación que se realice y, sobre todo, para evitar que la desvinculación entre los precios de los medicamentos y su coste de fabricación (incluyendo los riesgos en los que se incurre derivados de la inversión en investigación) acabe por fracturar la sostenibilidad de los sistemas públicos de salud y por convertir la falta de acceso a medicamentos en un problema aún más global que el actual, con tendencia a expandirse en vez de solucionarse.

El documento «The people's prescription», dirigido por Mariana Mazzucato (ya comentado previamente en el libro), plantea algunas reformas necesarias para controlar la escalada de precios de los medicamentos, revalorizar la propiedad pública de muchas de las innovaciones que proceden de este ámbito de investigación y propone algún modelo alternativo al actual.

Dentro de las medidas que se pueden tomar dentro del marco normativo y político-económico actual se encuentran: I) medidas de regulación de precios y II) medidas relacionadas con la propiedad intelectual.

En relación con las primeras, las vinculadas a la regulación de precios, la centralización de las negociaciones y las compras para lograr economías de escala capaces de bajar los precios o la implantación de medidas de transparencia parecen fundamentales; recientemente, la OMS aprobó una resolución sobre transparencia en el precio de los medicamentos; sin embargo, una de las medidas más polémicas (y necesarias) finalmente no se incluyó, y se trataba de la obligatoriedad de que la industria farmacéutica hiciera transparente el coste real del proceso de investigación y desarrollo de sus medicamentos, cosa a la que actualmente no están obligados y para cuyo cálculo se utilizan estimaciones desproporcionadas basadas en estudios parciales y sesgados.

En el ámbito de las medidas de propiedad intelectual, las medidas planteadas por el documento de Mazzucato (entre otras) incluyen fomentar los acuerdos voluntarios sobre licencias para la fabricación de medicamentos genéricos, asegurar que se cumplen los criterios de patentabilidad incluidos en el Acuerdo sobre los ADPIC[4] o evitar que los Estados miembros de la OMC amplíen los acuerdos sobre propiedad intelectual vigentes en la actualidad.

Más allá de estas propuestas, probablemente lo más interesante es observar qué se propone fuera del marco establecido en la actualidad; tres aspectos serían los fundamentales: I) liderazgo de los poderes públicos en la financiación, dirección y asunción de riesgos

---

[4] El Acuerdo sobre los ADPIC (Aspectos de los Derechos de Propiedad Intelectual relacionados con el Comercio) son las normas que rigen la OMC en materia de propiedad intelectual y donde se ven recogidos aspectos vinculados tanto a la obtención de las patentes como a las salvaguardas para poder evitar el régimen monopolístico obtenido a través de aquellas.

en materia de investigación; II) generar modelos que desvinculen la investigación y desarrollo de los procesos posteriores de comercialización, para evitar la generación de incentivos perversos ligados a la maximización del retorno de la inversión más allá de los costes en los que se haya incurrido y III) establecer condiciones de patentabilidad ligadas a la implantación de criterios de interés público y retorno de las inversiones realizadas desde lo público.

Tanto Estados Unidos como Cuba, desde modelos totalmente diferentes, han protagonizado iniciativas de liderazgo estatal en el ámbito de la investigación y desarrollo de medicamentos, así como en las políticas de facilitación del acceso a los mismos. El liderazgo desde las instituciones públicas permite dirigir la investigación hacia necesidades en salud más allá de la rentabilidad económica esperada y vigilar para que los contribuyentes no incurran en subvencionar repetidas veces el mismo proceso, como ocurre en la actualidad con la concesión de patentes a empresas que han utilizado conocimiento generado con fondos públicos para la elaboración de sus productos.

Además, la desvinculación de los procesos de investigación y desarrollo del proceso de comercialización (llamado, en inglés, *delinkage*) se ha visto como un posible factor de disminución de los precios; en Estados Unidos, se ha calculado que el uso de estrategias de desvinculación podría suponer un ahorro del 25 % del gasto total en medicamentos. Un ejemplo de este tipo de medidas es la Iniciativa de Medicamentos para Enfermedades Olvidadas, que se trata de un partenariado 50 % privado y 50 % público y que ha desarrollado seis medicamentos para este tipo de enfermedades desde su creación.

Es necesario un cambio de rumbo en el ámbito de la innovación de medicamentos y difícilmente este puede llegar de medidas cosméticas en el ámbito de la transparencia dentro del marco normativo actual. El liderazgo institucional será imprescindible a este respecto; si no, es seguro que tendremos que afrontar un futuro cercano en el que los problemas de acceso a medicamentos sean un problema de salud pública no solo en países de rentas medias-bajas y bajas, sino a nivel de salud global.

El sistema de salud como muestra de interdependencia

En una conferencia pronunciada en unas jornadas sobre profesionales sanitarios y equidad en Madrid en junio de 2019, Jennie Popay planteaba que hablar de equidad en salud era hablar de justicia social; este es un tema sobre el que han abundado mucho algunos filósofos que han tratado de aplicar el abordaje de las capacidades al campo de la salud, con especial mención para Sridhar Venkatapuram. Popay iba más allá y planteaba seis acciones que deberían incorporarse a la práctica de los profesionales sanitarios y a los servicios de salud en su conjunto para hacer de la justicia social uno de los objetivos para lograr sociedades más equitativas y más sanas:

I. Diseñar acciones que pongan el foco en fomentar y construir nuevas capacidades no solo desde lo individual, sino también desde el abordaje de las capacidades colectivas.
II. Evitar la perspectiva de los estilos de vida, tan centrada en la responsabilización (o incluso culpabilización) individual.
III. Vincular la identificación de activos en salud con el análisis de las dinámicas de poder.
IV. Abandonar la estigmatización de las personas y los lugares, construyendo narrativas positivas que hablen sobre y partan de comunidades que ostenten menos poder.
V. Desarrollar el poder interno y el poder conjunto trabajando con otros colectivos y comunidades, tratando de desarrollar sistemas de salud resilientes con perspectiva de equidad.
VI. Redefinir el concepto de «experto», valorando los saberes experienciales, así como los que parten del conocimiento situado, de individuos y comunidades.

Estas acciones, que Popay encuadra en una forma de incidencia política que abarca desde las acciones cotidianas de trabajo diario hasta las labores de abogacía en el marco de las decisiones institucionales, pueden ser también asumidas como un punto de partida para caracterizar la mirada de justicia social que un sistema de salud ha de tener si quiere ser sostenible en tiempos de desigualdades económicas.

La justicia social ha de formar parte de los valores que guíen la práctica diaria de las personas que trabajen en los servicios públicos de salud, y ello conlleva prácticas y competencias concretas que han de integrarse para que se materialicen más allá de protocolos y discursos. En un editorial de la revista *Lancet* publicado por Richard Horton,[5] este defendía que:

> Un sistema sanitario es la expresión más visible y tangible de la preocupación de una sociedad por el bienestar de sus ciudadanos. La fuerza de un sistema de salud depende de la fuerza de esa preocupación. En civilizaciones antiguas, la solidaridad colectiva se engendraba a partir de rituales y actos religiosos. Algunos argumentan que la democracia actual ha sustituido a la religión como poder estimulante para avanzar en el compromiso social por la salud. Pero a medida que las democracias se fracturan, a medida que aumenta el autoritarismo y el civismo disminuye, las fuerzas que protegen y promueven la salud están bajo amenaza. Pero recuerde: nuestras necesidades (de salud) dependen de las acciones de los demás. Somos mutuamente dependientes. Debemos tener una preocupación compartida por las vidas de los demás, ya que nuestras propias vidas dependen de esa preocupación compartida. La lucha por los principios morales que sustentan un sistema de salud es una lucha por los principios morales que subyacen a la sociedad en general. Es hora de un nuevo compromiso y reconstrucción moral, por parte de cada uno de nosotros.

Esa sociedad comprometida con la interdependencia y el cuidado colectivo es la base para que los sistemas públicos de salud no sean una cosa del siglo XX que sufrió su declive en el siglo XXI.

---

[5] Horton, R., «A moral health system demands a moral society», *Lancet* 393(10183), 2019, p. 1790.

11
SISTEMA

A veces, la forma define el fondo. Eso ocurre, en cierta medida, con cómo se organiza el sistema sanitario. El sistema sanitario público en España se organiza, por lo general, por áreas de población que están asignadas a un centro de salud, donde se recibe la asistencia sanitaria de Atención Primaria, teniendo cada centro de salud asignado un hospital, de modo que varios centros confluyen en un hospital que comparten. Esta es una forma de contar la historia, otra diferente sería decir que el sistema sanitario en España está dividido por áreas con una población asignada a un hospital, y que estos hospitales tienen asignados unos centros de salud que hacen de puerta de entrada al sistema siendo el primer punto de asistencia.

Desde dónde se cuenta la historia es una forma de mostrar desde dónde se priorizan las funciones del sistema sanitario. Decía Eduardo Galeano que «nada se construye desde arriba salvo los pozos», de modo que si el sistema sanitario se piensa, se diseña, se financia y se construye desde arriba, lo único que puede acabar siendo es eso, un pozo.

En 2007, el *British Journal of General Practice* publicó un artículo titulado «Desmantelando la medicina general»[1] (equivalente de la Atención Primaria en el Reino Unido), donde se afirmaba lo siguiente:

> El futuro del Servicio Nacional de Salud es probable que dependa, en gran parte, del futuro de la medicina general. A día de hoy, un

---

[1] Jones, R., «Dismantling general practice», *British Journal of General Practice* 57(544), 2007, pp. 860-861.

sistema de medicina general desfigurado lucha para mantener los aspectos fundamentales de sus habilidades, actitudes, valores y comportamientos, enfrentando una serie de iniciativas profesionales y gubernamentales que han, sucesivamente, dañado su efectividad. Una mayor despersonalización de la medicina general y una creciente centralización de los servicios, particularmente donde los médicos generales ya están haciendo un buen trabajo, acelerará este proceso y dañará la capacidad de la atención primaria de moderar la demanda de atención especializada y de costosa tecnología.

Se sabe que:[2]

→ Los sistemas centrados en Atención Primaria obtienen mejores resultados en salud a un coste más bajo; y esto se muestra en indicadores duros, como es la mortalidad prematura (mucho mejor indicador que la esperanza de vida, indicador tantas veces mal utilizado).

→ Los sistemas centrados en Atención Primaria suelen estar incluidos en modelos de coberturas más amplias y cercanas a la universalidad.

→ Los sistemas centrados en Atención Primaria son más seguros para los pacientes, disminuyendo el daño relacionado con la asistencia sanitaria.

→ Una Atención Primaria potente (y esa potencia se define por sus valores principales, no por su capacidad de imitación del entorno hospitalario) es un gran regulador del resto del sistema, como muestra que en aquellos lugares con una Atención Primaria fuerte el control de la demanda en los servicios de urgencias de los hospitales sea más viable y sencillo.

→ Los sistemas centrados en Atención Primaria se fundamentan en valores como la longitudinalidad, la polivalencia y la accesibilidad, que a su vez se han asociado con resultados positivos en salud.

---

[2] Estas afirmaciones están sacadas de diferentes artículos recopilados en la página de Atención Primaria del Institut Català de la Salut, con motivo de su boletín semanal número 100: https://atencioprimariaicsbcn.files.wordpress.com/2015/11/7setmanal_num_100_09052017.pdf.

Además, hay datos que indican que la disminución del gasto en Atención Primaria es uno de los factores fundamentales para hacer que aumente el gasto en seguros sanitarios privados,[3] que la Atención Primaria es más utilizada por la población de renta más baja, mientras que la hospitalaria tiene un sesgo pro nivel socioeconómico alto y una mayor densidad de médicos de familia se asocia con una menor mortalidad.[4]

Lo sabemos todo, pero cada vez que llega una crisis, el lugar donde se centran los recortes presupuestarios es la Atención Primaria. Llegados a este punto, merece la pena preguntarse cómo sería el sistema público de salud si la Atención Primaria desapareciera.[5]

A pesar de los logros de los sistemas de salud basados en Atención Primaria que ya se han comentado previamente, existen dinámicas sociales y de práctica clínica (dentro del constructo médico-industrial) que plantean situaciones conflictivas para el completo desarrollo de la Atención Primaria:

I. Existe un ciclo de innovación que se ve incentivado por la producción ilimitada de novedades diagnósticas (tanto de aparatos para realizar pruebas como de subcategorías diagnósticas, como se ha comentado en el capítulo sobre los combustibles del sistema de salud) y terapéuticas, más allá de su aportación a la salud de la población, y que hacen que los intereses por la entrada en el mercado y por el control del gasto se centren allá donde esas innovaciones son utilizadas: los hospitales y las unidades hiperespecializadas.

II. Existe una intolerancia creciente a la incertidumbre (a ambos lados de la mesa dentro del contacto médico-paciente), de tal modo que su gestión no es vista como un activo social, sino

---

[3] Simó, J., «APS y seguros médicos privados: cuanto peor, mejor», *Salud, dinero y atención primaria* [blog], 8 de junio de 2019, http://saludineroap.blogspot.com/2019/06/aps-y-seguros-medicos-privados-cuanto.html?m=1.

[4] Hopkins Tanne, J., «US patients live longer in areas with more primary care doctors, study finds», *BMJ* 364, 2019, l804.

[5] Para los siguientes párrafos he tomado muchas ideas de mi texto para Colectivo Silesia «¿Y si mañana desapareciera la Atención Primaria?», 2 de mayo de 2017, https://colectivosilesia.net/2017/05/22/manana-desapareciera-la-atencion-primaria/.

que lo que se persigue es su eliminación (o la ilusión de eliminación de la incertidumbre).
III. La sanidad ya no se centra en la enfermedad, sino en el malestar; sin embargo, las respuestas clínicas que se ofrecen desde los modelos de gestión de la sanidad siguen siendo respuestas a la enfermedad. En esta descoordinación entre demandas y ofertas, el exceso de demanda no satisfecha por el abordaje de los malestares como enfermedades recircula a lo largo y ancho del sistema generando insatisfacción a pacientes y a profesionales.
IV. De la misma manera, el papel de las consultas ya no es solo el de otorgar la etiqueta de «paciente», sino que desde ellas se abre la puerta al acceso a múltiples prestaciones sociales, a las que solo se puede acceder por dos vías: la del trabajo y la de la enfermedad (no relacionadas con la fundamental: la necesidad).

En ese entorno, lo natural no es que la Atención Primaria se desarrolle por el mero influjo del pasar del tiempo, sino que es necesario contrapesar unas dinámicas que han de ser viradas y performadas para que no dicten el caminar del sistema sanitario.

¿Qué escenarios podrían darse si desapareciera la Atención Primaria? ¿Cómo se estructuraría el sistema sanitario si faltara el punto de escape de sus ineficiencias? ¿Sería necesario otorgar a alguna figura el rol de coordinador o *recopilador* de la vida patológica de cada paciente o esa función ya no existe y simplemente sería sustituida por algún ente que hiciera la función de regulador de la demanda (copago, por ejemplo)?

Se podrían plantear tres escenarios posibles si esto sucediera.

Por un lado, una posible mutualización de la asistencia sanitaria. La falta de un nivel asistencial como el de Atención Primaria podría llevar a la absorción por el resto de la población de un sistema similar al que presenta el funcionariado en nuestro país, teniendo una sanidad financiada con fondos públicos, pero prestada a través de diferentes proveedores privados (lo que ocurre en España con MUFACE, MUGEJU e ISFAS). Esto supondría, seguramente, una reforma en la cobertura sanitaria, vinculándose de forma más fuerte el derecho a la asistencia con la condición de trabajador activo, de modo que sería una especie de transición a modelos tipo Seguridad Social, con accesos más inmediatos a la asistencia subespecializada y con la necesidad de establecer reguladores a este acceso que sirvan de selección, como serían los copagos farmacéuticos, cupos de asistencia a consulta o similares. Otra realidad posible sería la que podríamos titular como «la deificación de la alta resolución». Comentaba antes que la inmediatez y la demanda de resolutividad es uno de los valores que debería ser más fácil de satisfacer con una Atención Primaria fuerte. Si esta desapareciera, ese rol de la *alta resolución* podría ser uno de los aspectos más fácilmente sustituibles, a coste de perder capacidad de longitudinalidad (ser atendido siempre por el mismo profesional) y seguimiento de los pacientes. Andalucía tiene gran experiencia en esta centralidad de la alta resolución (con sus famosos Centros Hospitalarios de Alta Resolución, que son, como escuché una vez decir a un director médico de uno de estos centros, «hospitales de atención primaria»). Siguiendo la máxima de la aseguradora norteamericana Kaiser Permanente de acercar la asistencia más especializada al nivel más cercano posible de la población, este tipo de modelos buscan descender territorialmente la asistencia subespecializada tanto como sea técnica y casuísticamente posible, con el problema de que, si esto supone alejar la Atención Primaria de su cercanía con el territorio, se puede acabar poniendo en peligro el modelo en su conjunto.

Por último, el tercer escenario que se plantea sería eliminar la Atención Primaria para tener Atención Primaria. Del mismo modo que se dice que los problemas de la democracia se arreglan con más democracia, es posible que los problemas de la Atención Primaria se arreglen con más atención primaria. Tal vez la única forma de tener una Atención Primaria unida sea renombrarla y destruir la que tenemos, al menos en muchos de sus aspectos: en la función de secretariado del sistema, en la estratificación clínica de los pacientes que obvia cualquier tipo de componente socioeconómico o comunitario…

Tal vez la única forma de tener atención primaria sea que desaparezca la Atención Primaria.

Hospitales y Atención Primaria: integración o subyugación

Tal vez la Atención Primaria no desaparezca organizativamente como tal, pero que el sistema siga funcionando como en los últimos veinte años es algo poco probable. En los últimos años, la innovación organizativa de moda (que, como todas las modas, no necesita de pruebas de su valor, sino solamente de impulsos y apoyos influyentes) ha sido la integración vertical, es decir, unir a nivel de gestión y organización los hospitales y las áreas de Atención Primaria.

El problema de implantar innovaciones organizativas en épocas de recortes y falta de músculo presupuestario es que la tendencia natural será que el pez grande engulla al pez pequeño. En España, los experimentos de integración vertical han supuesto, casi en su totalidad, el desplazamiento de los órganos de dirección a los hospitales y la implantación de algunas medidas de coordinación entre los diferentes niveles asistenciales, sin que la integración haya supuesto un cambio en las relaciones de poder ni un impulso a la centralidad de la Atención Primaria.

La forma en la que funciona el sistema sanitario es el resultado de las relaciones de poder existentes entre los diferentes niveles asistenciales; de este modo, la reforma de la relación entre la Atención Primaria y los hospitales no puede ser poner a ambos a vivir bajo una casa más grande, sino modificar los modos de interrelación haciendo que la construcción del sistema provenga desde abajo, se lidere desde abajo y se evalúe desde abajo. Destinar tiempos específicos agendados para la comunicación entre niveles asistenciales, crear espacios de encuentro diferentes a que los profesionales del hospital vayan a dar charlas a los centros de salud como si estos fueran lugares bajo su tutela, favorecer que se realicen visitas conjuntas entre los profesionales del hospital y los de Atención Primaria al alta de pacientes complejos con alto riesgo de deteriorarse al dejar el hospital…, esas son reformas de funcionamiento que no implican hacer grandes cambios en la estructura del sistema, pero sí necesitan un cambio fundamental: considerar que la coordinación no es algo que se pueda hacer en el tiempo libre sin pacientes y considerar a los profesionales de Atención Primaria como sujetos válidos de interlocución.

No se trata de que los hospitales vengan manchados por alguna especie de pecado original que haga que deban inhibirse a la hora de diseñar la sanidad del futuro; es que esa sanidad no se puede diseñar desde la mirada privilegiada de un nivel asistencial que lleva décadas funcionando dopado respecto al resto del sistema (lo cual no es incompatible con estar infrafinanciado, esa sería otra discusión). Los hospitales no han de aspirar a ser dispositivos de atención sanitaria integral y alguien ha de poner límites a la infinita expansión de sus servicios *bypasseando* a la Atención Primaria (atención domiciliaria, cuidados paliativos de base hospitalaria…).

En un artículo en la revista *Atención Primaria*, Joan Gené Badia decía lo siguiente:

> Me preocupa ver cómo afrontaremos el progresivo envejecimiento de la población, la necesaria contención presupuestaria, el exceso de especialistas hospitalarios, la emigración de los médicos de familia o la falta de profesionales de enfermería. No precisamos más comisiones para entender que debemos avanzar en la atención centrada en el paciente, aumentar la proporción del presupuesto destinado a atención primaria, promover un liderazgo compartido, hacer la medicina de familia más atractiva, incorporar más enfermeras, redistribuir las responsabilidades clínicas, fijar un nuevo modelo de relación con la atención especializada y los servicios sociales, así como modificar radicalmente el currículum universitario para incorporar plenamente la medicina de familia.
>
> Estas reformas, absolutamente necesarias para adecuar nuestra atención primaria a las nuevas necesidades de salud, únicamente serán posibles si se produce un cambio en la cultura de nuestra sociedad, en los equilibrios de poder o en los intereses económicos del sector.[6]

---

[6] Gené Badia, J., «Atención primaria: urge cambiar para mantener la calidad», *Atención Primaria* 51(5), 2019, pp. 266-268.

La crisis del sistema sanitario en 2019 no es la crisis homogénea de su totalidad, sino una crisis descafeinada de alguno de sus componentes, importante de otros (servicios de urgencias, por ejemplo) y una crisis grave de lo que en su momento fue una de sus fortalezas fundamentales: la Atención Primaria.

La Escalera y las metáforas que nos condicionan

> No he encontrado un sitio en el mundo que se parezca tanto a la atención primaria como un parque, porque no he encontrado en el mundo algo que se parezca tanto a los parques como la vida.
>
> Roberto Sánchez

Las metáforas que se utilizan para explicar con sencillez cómo se concibe el sistema sanitario dicen mucho del tipo de sistema sanitario que se está tratando de organizar. En muchos países llevan más de dos décadas instalados en la metáfora de la máquina, según la cual los centros sanitarios pueden trabajar de manera estandarizada, mecánica, perfectamente trazable y con la elaboración de productos finales predecibles, comparables y evaluables; sin embargo, los sistemas de salud hace tiempo que dejaron de ser máquinas para ser organizaciones mucho más complejas. A día de hoy, los sistemas de salud se parecen más a una habitación de un adolescente que a una cadena de montaje de Renault; necesidad de autoorganización, aprendizaje constante, límites difusos entre los diferentes actores del sistema..., los sistemas complejos han de evolucionar en la elaboración de las metáforas bajo las que se forman, porque, si no, las metáforas[7] acabarán performándolos.

Hace unos años surgió en Madrid un proyecto de intervención comunitaria llamado La Escalera[8] que resultó tremendamente

---

[7] Es muy recomendable leer a Sergio Minué en su blog *El Gerente De Mediado* al respecto de este tema de las metáforas y la sanidad: [OJO: FALTA REF.].
[8] http://www.proyectolaescalera.org/.

innovador partiendo de una conjunción de conceptos que en algún momento nos dejamos por el camino: interdependencia + cuidados + reconocimiento = comunidad. Se trata de un proyecto «para facilitar el encuentro y el apoyo mutuo entre vecinas y vecinos de una misma comunidad y provocar una reflexión acerca de las relaciones cotidianas en entornos comunitarios».

Más allá de que esa podría ser una definición válida para cualquier iniciativa de promoción de la salud y desarrollo comunitario en el ámbito de la salud, La Escalera podría ser un modelo de muchas de las cosas hacia las que debería dirigirse el sistema sanitario, entre ellas, una metáfora sobre la que pensar elementos necesarios en nuestro sistema de salud.

Necesitamos una sanidad pública que se parezca más a La Escalera y menos a una reunión de antiguos alumnos de un MBA del IESE o a un intento de actualizar la metáfora de la máquina convirtiéndola en la metáfora de Cabify. Necesitamos una sanidad pública que sustituya las dinámicas de competición y exclusión por otras de cooperación e inclusión, dentro de un marco de reconocimiento de saberes y habilidades y de resolución de conflictos de manera deliberativa.

Un sistema sanitario no es una comunidad de vecinos, pero tampoco es una empresa y, sin embargo, parece que hay muy pocos reparos a la hora de introducir criterios empresariales de gestión para su dirección. Por mucho que un sistema sanitario tenga elementos que lo asemejen a una gran corporación (número de profesionales, gestión de conocimiento complejo, diversidad de sus funciones, manejo de fondos…), a menudo olvidamos que la gran diferencia es que cuando el «usuario» o paciente abandona el sistema, siguen desarrollándose las mismas dinámicas que determinan su contacto con el sistema sanitario; por ello la sanidad no puede abstraerse de las dinámicas de interdependencia que se generan en la sociedad, no puede limitarse a ser gestionada como un sistema empresarial cerrado, porque no lo es.

La metáfora de La Escalera, además, aporta un elemento fundamental para la reforma de los sistemas de salud: la centralidad de los cuidados.

¿Por qué en este país son tan mágicas las connotaciones de las palabras «cuidado» y «hogar» y, sin embargo, a la vez están tan invisibles sus protagonistas y la realidad cotidiana que construyen los entresijos que las sustentan?[9]

Este párrafo del capítulo «Cuidados y trabajos invisibles como todo lo doméstico» del libro *Salubrismo o barbarie* hace referencia a los cuidados en la sociedad, pero también puede aplicarse a los cuidados dentro del sistema sanitario.

A nivel social, los cuidados podrían ser definidos como aquello que se pone en funcionamiento a nivel social para que todo lo demás pueda ocurrir. Las funciones de producción presentes en la sociedad se desarrollan gracias a la carga de cuidados soportada de manera abrumadoramente feminizada y en privado (esta sí que es una privatización a la que deberíamos prestar más atención). De manera similar, la importancia de los cuidados en el sistema sanitario ha tenido una doble vertiente de invisibilización: por un lado, por la falta de reconocimiento de los cuidados prestados en la esfera privada e íntima de los pacientes y, por otro lado, por la poca importancia que ha recibido el papel central de las personas encargadas de desempeñar las labores de cuidados dentro del sistema sanitario (enfermeros y auxiliares, principalmente).

La incorporación de la centralidad de los cuidados como parte importante de la metáfora que defina el sistema sanitario del futuro no debería circunscribirse solo al reconocimiento del rol fundamental de las profesiones que desempeñan esos cuidados desde el punto de vista profesional, sino que, además, debería dar un paso más allá y reconocer e incorporar los conocimientos, saberes y prácticas de cuidados que se están desarrollando fuera de los límites del sistema de salud, pero que repercuten de forma directa en este, favoreciendo la consecución de su cometido.

---

[9] López Román, C. y V. López Ruiz, «Cuidados y trabajos invisibles como todo lo doméstico», en V. López Ruiz y J. Padilla Bernáldez (coords.), *op. cit.*, Atrapasueños, 2017.

Entonces...

Necesitamos un sistema que no se construya desde arriba, de modo que podamos evitar que sea un pozo. El sistema sanitario público del futuro será centrado en atención primaria e integrará como eje central la importancia de los cuidados y lo hará con una perspectiva basada en la economía feminista. Si no es así, o no será un sistema (sino un dispositivo único arrollador y menos complejo) o no será tan público, dado que es justamente la centralidad de la atención primaria la que le otorga un carácter diferencial en la defensa de los valores de lo público desde su forma de funcionamiento.

12
CAMBIO

Si tenemos todas las respuestas, ¿por qué podemos hacer tan poco?

No basta con tener el acceso al conocimiento disponible de nuestro tiempo, sino que lo importante es que podamos relacionarnos con él de manera que contribuya a transformarnos a nosotros y a nuestro mundo a mejor. Si lo sabemos potencialmente todo, pero no podemos nada, ¿de qué sirve este conocimiento?

Marina Garcés

Saber no indica nada, no hay luz que despierte, ni conciencia que tomar ni caballo del que caerse. Resulta más útil preguntarse, como hizo Wilhelm Reich, no por qué los explotados hacen huelga o los hambrientos roban, sino por qué la mayoría de los hambrientos y explotados ni roba ni hace huelga

Jorge Moruno[1]

Podría decirse que sabemos lo que hay que hacer o, al menos, somos capaces de hacer como si lo supiéramos; sin embargo, en la última década los grandes cambios en materia de salud en nuestro entorno no han sido estructuralmente positivos, salvo

---

[1] Garcés, M., *Nueva ilustración radical*, Anagrama, 2017; Moruno, J., *op. cit.*, Akal, 2018.

hallazgos puntuales y medidas concretas. Retrocesos en la cobertura sanitaria universal, legislaciones de salud pública guardadas en un cajón y sin ser aplicadas, olvido de la ley de dependencia y el abordaje institucional en materia de cuidados, debilitamiento de la estructura del gasto sanitario público y reafirmación del sistema público de salud como una fuente de parasitación por parte de la sanidad privada. Cabe preguntarse por qué, si creemos tener las respuestas, no somos capaces de cambiar nada, aunque probablemente sea injusto pensar que no se ha cambiado nada; feminismo y ecologismo se presentan como las grietas por las que entra la luz en el sistema actual, y los movimientos en defensa de los sistemas públicos de salud tienen mucho que aprender de ellos, sin la aspiración de estructurar nuevas hegemonías, como está haciendo el ecofeminismo, pero sabiendo que la defensa de lo público está íntimamente ligada a la defensa del planeta y a la lucha contra el machismo y las inequidades de género.

Resulta complicado plantear horizontes de cambio de las políticas de salud cuando sobrevuela sobre nosotros la amenaza del colapso ambiental y de la eliminación del propósito de lograr que tengamos unas vidas vivibles.[2] Si bien muchas de las propuestas y escenarios planteados en los dos capítulos anteriores son soluciones de carácter afirmativo, es decir, en palabras de Nancy Fraser,[3] «que tratan de corregir los efectos injustos del orden social sin alterar el sistema subyacente que los genera», las planteadas en este capítulo tienen un ánimo más transformador, esto es, aspiran a corregir las injusticias cambiando el sistema subyacente que las genera.

---

[2] En estos términos plantea la cuestión Marina Garcés en *Nueva ilustración radical* (Anagrama, 2017): «Este límite no es cualquier límite: es el límite de lo *visible*. Ese umbral a partir del cual puede ser que haya vida, pero que no lo sea para nosotros, la vida humana. Vida *visible*: es la gran cuestión de nuestro tiempo. Unos la elaboran ya en meros términos de supervivencia, aunque sea a codazos fuera de este planeta. Otros volvemos a poner la vieja cuestión sobre la mesa, o en medio de la plaza: vida *visible* es vida digna. Sus límites son aquellos por los que podamos aún luchar».

[3] En *¿Reconocimiento o redistribución? Un debate entre marxismo y feminismo* (Traficantes de Sueños, 2016), Nancy Fraser plantea esta diferenciación en torno al dilema redistribución-reconocimiento y desarrolla algunos ejemplos de abordajes afirmativos y transformadores para luchar contra diversos tipos de injusticias.

Recuperar marcos de decrecimiento y dotarlos de contenido propositivo y no solamente reactivo, explorar futuros que promuevan la desvinculación entre el empleo y la búsqueda de las vidas vivibles, y liderar las propuestas de futuro sobre la medicina y la salud pública son tres de los marcos ante los cuales no podemos girar la cabeza porque, literalmente, nos va la vida en ello.

El dilema del decrecimiento sanitario

Hay una postura que en tiempos de bonanza económica no costaba nada defender, pero que en momentos de ofensiva frontal contra los pilares de los servicios de protección social resulta más complicado: la necesidad de que la sanidad decrezca.

Como hemos comentado en algunas partes del libro, vivimos inmersos en una dinámica de productivismo sanitario o médico según la cual el propio sistema genera necesidades y actividades que aumentan la necesidad de recursos sanitarios con unos beneficios cada vez menores (la ley de rendimientos decrecientes también se aplica aquí). *JAMA* cifró en un tercio del gasto sanitario estadounidense el gasto superfluo que debería ser evitado por no aportar nada a la salud de la población,[4] y, aun en otro sistema diferente, es algo que en España también podría ser cuantificado.

Sin embargo, cuando el gasto sanitario se diluye a expensas de cortar en músculo y no en grasa, sin confrontar a esa maquinaria de generación perpetua de necesidades y actos clínicos, uno tiene la sensación de que defender ese necesario decrecimiento ha de hacerse con el freno de mano bien cerca para no acabar haciendo más daño del que ya se está haciendo.

El sistema sanitario público es también esclavo de la necesidad de crecer y crecer. Plantearse que muchas de las actividades que se realizan tienen un valor limitado o nulo y no deberían llevarse a cabo nos pondría ante la tesitura de tener que revisar si, más allá del «hay que dejar de hacer cosas para hacer otras con más valor

---

[4] Berwick, D. M. y A. D. Hackbarth, «Eliminating waste in US health care», *JAMA* 307(14), 2012, pp. 1513-1516.

añadido en salud», es preciso acometer cambios en la estructura de nuestra fuerza de trabajo. Por poner un ejemplo actual y algo periférico, cuando desde diferentes ámbitos se argumentaba a favor de la financiación de los nuevos medicamentos para la hepatitis C, uno de los puntos a favor de dichos fármacos era que resultaban muy eficientes, pudiendo lograr, a medio-largo plazo ahorro para las arcas públicas; el problema es que en los análisis de evaluación económica que hablaban de estos ahorros se incluía la menor necesidad de profesionales sanitarios (hepatólogos, infectólogos, enfermeros, auxiliares…) al haber menor casuística de pacientes. Esto lo aguanta el papel, pero no lo aguanta la realidad. Los medicamentos se han incorporado a la financiación pública, pero la curación de los pacientes no se seguirá de una disminución de la plantilla de hepatólogos porque, en el panorama actual de las especialidades médicas y las profesiones sanitarias, la tendencia es siempre a expandirse hasta lograr un nivel adecuado de desbordamiento, aunque para ello haya que batallar con disciplinas limítrofes por acaparar el cuidado de pacientes con una u otra enfermedad.

Para la salud de la población sería muy sano que los discursos que plantean la necesidad de aliviar el nivel de actividad del sistema sanitario en nuestras vidas volvieran a hacerse presentes, y es preciso que lo hagan para favorecer las condiciones materiales que permitan que estas ideas de decrecimiento sanitario se conviertan en reales. Probablemente sean dos las vías más válidas y tolerables socialmente de hacer decrecer; una vinculada a las políticas de salud pública y otra vinculada a la integración con los servicios sociales.

Por un lado, se puede plantear la vinculación del decrecimiento sanitario con el incremento del peso absoluto y relativo de las políticas de salud pública, convirtiendo en mejoras de la salud colectiva aquellas cosas que se están realizando a nivel individual sin aportar ningún valor a las personas; en este libro, se hace en un capítulo con relación al Public Health New Deal. Esto es, identificar qué actividades del sistema sanitario no aportan valor a la población, promover un marco de relación con el sistema sanitario basado en la salud y no en la enfermedad, y aplicar un programa de reinversión en salud que transfiera recursos, esfuerzos y prácticas desde el sistema sanitario hacia las políticas de salud que incluyan el impulso de actuaciones medioambientales, sobre la precariedad laboral, violencias machistas…

La otra alternativa consistiría en acompasar el decrecimiento sanitario con la integración sociosanitaria y un mayor peso de los servicios sociales. Partiendo del mantra de «Ni medicalizar lo social ni socializar lo médico», es preciso hacer que dicho mantra se cumpla más allá de lo que pueda aportar cada profesional en su práctica diaria; para no medicalizar lo social es preciso que las puertas del sistema sanitario no sean las únicas que se mantengan siempre abiertas y hagan una práctica real de la universalidad; trascender los modelos caritativos de servicios sociales, ligarlos a las comunidades en las que trabajan, dotarlos de medios y de políticas innovadoras y universalizarlos para que no sean dispositivos de gestión de burocracia y búsqueda de prestaciones, sino motores de cambio y cohesión comunitaria, es algo que se debería poder hacer siguiendo la guía de la desmedicalización y el fortalecimiento de los servicios de protección social que siempre quedaron cojos.

La renta básica como patada al tablero

Otro de los futuros de cambio que tienen capacidad para transformar por completo el escenario social, económico y político, a la par que mejorar la salud de la población, sería la implantación de una renta básica universal (RBU).[5]

El experimento más reciente al respecto es el realizado en Finlandia, cuya evaluación presentó algunos resultados iniciales en febrero de 2019. No se observaron diferencias significativas entre las personas que percibieron la renta básica universal y las que no

---

[5] Se habla de renta básica universal, pero en realidad se incluyen, conceptualmente, los diferentes modelos de rentas con mayor o menor nivel de cobertura, así como de condicionalidad.

en lo que respecta a sus actitudes ante el mundo del empleo; por otro lado, como escribe Alberto Tena:

> Los receptores de RBU experimentaron significativamente menos problemas de salud, estrés y capacidad de concentración que el grupo de control. Tenían además mucha más confianza en su propio futuro, en las perspectivas sobre el futuro de su empleo, en la confianza de poder abrir un negocio propio y en su capacidad para influir en los problemas sociales. Los sujetos participantes en el programa piloto, además, expresaron mucha más confianza que el grupo de control en sus políticos y en sus instituciones.[6]

Esto viene a aportar más datos a lo que ya se sabe sobre la renta básica o las rentas incondicionales y su relación con la salud, especialmente con la salud mental. La literatura publicada apunta de forma aplastante hacia una conclusión fundamental: liberar a la gente de la presión de tener que «ganarse la vida» (en sentido literal, es decir, la presión de la subsistencia) hace que mejore su salud mental.

En 2017 el *European Journal of Health Economics* publicó una revisión sobre el impacto de las rentas mínimas en la salud poblacional, con datos de veinticuatro países de la OCDE;[7] aunque el objeto de estudio es diferente (habla de rentas mínimas, no de renta básica), muchas de sus conclusiones son útiles para pensar por dónde pueden ir los efectos de la expansión de este tipo de rentas y la eliminación de su condicionalidad: se observó que un incremento del 10 % en una escala de valoración de la «bondad» de la renta mínima se relacionó con disminuciones de la tasa de mortalidad y con incrementos de 0,44 años en la esperanza de vida; los campos de repercusión de estas rentas sobre la salud, que se mencionan en el artículo, atañen a determinantes sociales de salud

---

[6] Tena, A., «Finlandia y el éxito de los experimentos de Renta Básica», *CTXT*, 13 de febrero de 2019, https://ctxt.es/es/20190213/Politica/24395/renta-basica-Finlandia-trabajo-bienestar-Alberto-Tena.htm?fbclid=IwAR1Ij2PMYewFoW6JkHFVnxV9S NBhlyLpKJ1zJVSAjoHfokoVwKUAej_rU.

[7] Lenhart, O., «The impact of minimum wages on population health: evidence from 24 OECD countries», *European Journal of Health Economics* 18, 2017, p. 1031.

(disminución de la pobreza, reducción de las necesidades médicas no cubiertas por motivos económicos) y de hábitos de vida (disminución de la tasa de tabaquismo).

Un artículo de 2014 publicado en *PLoS One*,[8] evaluando una experiencia realizada en México, afirmaba:

> Estos resultados sugieren que una renta no condicional en personas mayores tiene un impacto más allá de la esfera económica, llegando a impactar incluso en el bienestar mental. Este efecto podría explicarse por los sentimientos de seguridad y bienestar producidos por la pensión. Es recomendable que los Gobiernos inviertan en universalizar los programas de pensión no contributiva para asegurar una renta básica en las personas mayores.

En 2016, la revista *BMJ*[9] se preguntaba si la renta básica universal podría ser una respuesta a la pobreza, la inseguridad y las desigualdades en salud, ahondando en los datos y conclusiones que se acaban de comentar.

La renta básica universal (o sus diversos equivalentes con más o menos cobertura y condiciones) actúan sobre dos determinantes sociales de salud importante: I) por un lado, incrementan la renta disponible, y II) por otro lado, disminuyen la necesidad de aceptar empleos con condiciones laborales muy precarias e inseguras. Pobreza monetaria y precariedad laboral son dos factores íntimamente ligados a la enfermedad, de modo que las medidas dirigidas a actuar sobre ellos es muy probable que tengan capacidad para actuar por la mejora de la salud de la población.

Transformar la relación de necesidad de las personas con los empleos precarios es una medida de salud pública, pero no se ha de olvidar cómo puede, asimismo, contribuir esta medida a transformar (o no) los espacios de trabajo informal, principalmente los destinados al cuidado familiar, que en muchas ocasiones quedan

---

[8] Salinas-Rodríguez, A., M. P. Torres-Pereda, B. Manrique-Espinoza, K. Moreno-Tamayo y M. M. Téllez-Rojo Solís, «Impact of the non-contributory social pension program *70 y más* on older adults' mental well-being», *PLoS One*, 9 (11), 2014, e113085.

[9] Painter, A., «A universal basic income: the answer to poverty, insecurity, and health inequality?», *BMJ* 355, 2016, i6473.

excluidos de los análisis de los efectos de la renta básica universal, que se centran en la economía destinada a la producción. Poner este último tema en el centro supone, asimismo, poner a las grandes excluidas del sistema de empleo formal en el centro de las alternativas que se planteen, y será un acto de justicia.

De la medicina 4P a la salud pública 4P

Existe una tendencia creciente a pensar el futuro del sistema sanitario en términos de transformación tecnológica y no en términos de priorización de valores en disputa. El problema de utilizar el marco de la transformación tecnológica como determinación de lo que será la sanidad del futuro es que nos plantea un terreno predeterminado ya revestido de unos valores de partida que no tienen por qué ser los preferidos por la sociedad.

Planteamientos de supuestos paradigmas como el de la medicina 4P[10] se piensan dentro de ese marco de tecnologización al cual se adaptan unos valores (personalización, predicción…) que, aplicados a lo que sabemos sobre la capacidad de las nuevas tecnologías (de las «nuevas» de verdad, no de las eternas nuevas tecnologías), pueden colisionar con valores como la universalidad o la equidad. Además, la asunción de estos modelos como válidos y predominantes parece olvidar que llevamos décadas de promesas de revoluciones basadas en el avance tecnológico que no están siendo tales (ni en el campo del conocimiento ni en el de la aplicación del mismo) y que solo sirven para alimentar la disciplina de la innovación discursivo-comercial, que ya ha llegado a tener entidad propia. Hace más de veinte años que *The New England Journal of Medicine* publicó un artículo[11] en el que se planteaban cuáles serían las promesas que el Proyecto Genoma haría realidad, tanto en la comprensión de las enfermedades y la muerte como en el

---

[10] La medicina 4P es un pretendido paradigma de la medicina postgenómica que toma su nombre de cuatro valores que quiere representar; se trataría de una medicina «preventiva», «personalizada», «predictiva» y «participativa».

[11] Collins, F. S., «Medical and societal consequences of the Human Genome Project», *The New England Journal of Medicine* 341, 1999, pp. 28-37.

abordaje y curación de enfermedades raras y otras muy prevalentes, habiéndose quedado los logros prometidos en un punto bastante lejano del impacto presagiado. En un artículo publicado en *STAT*, Michael J. Joyner y Nigel Paneth plantean algunas dudas en torno al marco predictivo, personalizador y epistémico de toda esta corriente de la medicina postgenómica, así como la necesidad de dejar de dar patadas hacia delante que eludieran las limitaciones del paradigma que exponen: «Estamos pidiendo un debate abierto, en todos los centros de investigación biomédica, sobre la mejor manera de avanzar y sobre si la medicina de precisión es realmente la vía más prometedora para el progreso. Es hora de que los partidarios de la medicina de precisión participen en el debate, para ir más allá de afirmar el hecho de que todos los individuos son únicos, y que el aumento en el volumen de datos y mediciones de salud combinado con la disminución en el costo de estudiar el genoma constituye un argumento suficiente para la adopción del programa de medicina de precisión».[12]

En mayo de 2019 *The New York Times* comenzó a publicar una serie de columnas escritas desde el futuro. La primera, titulada «Es 2059 y los niños ricos aún van ganando»,[13] abordaba cómo la ingeniería genética no produciría sociedades más equitativas, sino al contrario, al confiar a una tecnología una cosa que solo se puede abordar dotando a las herramientas de valores concretos, en ocasiones contrarios a los que por defecto suelen ligarse a dichas tecnologías. Con el subtítulo de «Los retoques del ADN no solucionarán nuestros problemas», Ted Chiang describe una sociedad en la que se habría puesto en marcha un programa de modificación genética equitativa con la idea de tratar de universalizar estas prestaciones con el objetivo de mejorar los niveles de inteligencia de los niños y niñas de clases bajas para reducir las desigualdades; sin embargo, la excesiva confianza en la modificación

---

[12] Joyner, M. J. y Paneth, N., «Precision medicine's rosy predictions haven't come true. We need fewer promises and more debate», *STAT*, 7 de febrero de 2019, https://www.statnews.com/2019/02/07/precision-medicine-needs-open-debate/.

[13] Chiang, T., «It's 2059, and the rich kids are still winning», *The New York Times*, 27 de mayo de 2019, https://www.nytimes.com/2019/05/27/opinion/ted-chiang-future-genetic-engineering.html.

genética como forma de desarrollo del individuo obviaría que las desigualdades sociales se generan como interacción del individuo con su entorno y que no se podrían resolver desde el reduccionismo al ADN. Vinculando esto con la famosa frase de que «para la salud importa más el código postal que el código genético», en el artículo podemos leer este fragmento:

> Desde hace tiempo que sabemos que el código postal de una persona es un predictor excelente de su renta a lo largo de la vida, su nivel educativo y su salud. Sin embargo, seguimos ignorándolo porque va en contra de uno de los mitos fundacionales de esta nación: que cualquier persona inteligente y trabajadora puede salir adelante.

El sistema sanitario del futuro debe saber que, para predecir, prevenir, personalizar y participar, la tecnología de secuenciar el ADN probablemente sea menos imprescindible que la de saber descifrar el DNI.

Frente a esta medicina 4P hay que contraponer una salud pública 4P que sea «poblacional», «política», «promotora» (de salud) y «procomún»; es decir, que, ante los valores del reduccionismo biomédico y el ansia de control de la medicina personalizada y de precisión, contraponga una alternativa de promoción (no prevención) mediante la incidencia política sobre una mirada colectiva (poblacional) que integre la participación de los miembros de la comunidad que contribuyan a que dichas intervenciones estén integradas en las necesidades del territorio.

Este libro se terminó de imprimir
el 10 de octubre de 2019

*«Los médicos son hombres que
recetan medicinas de las que saben poco,
para curar enfermedades de las que
conocen menos, en seres humanos
de los que no conocen nada».*

VOLTAIRE